LICITAÇÕES & CONTRATOS

70 GRANDES ERROS
teoria, legislação
e jurisprudência

DE ACORDO COM O PROJETO DE LEI Nº 1292/95,
DA NOVA LEI GERAL DE LICITAÇÕES

EDUARDO GROSSI FRANCO NETO | THIAGO ELIAS MAUAD DE ABREU

LICITAÇÕES & CONTRATOS

70 GRANDES ERROS
teoria, legislação
e jurisprudência

DE ACORDO COM O PROJETO DE LEI Nº 1292/95,
DA NOVA LEI GERAL DE LICITAÇÕES

Copyright © 2019 by Editora Letramento
Copyright © 2019 by Eduardo Grossi Franco Neto
Copyright © 2019 by Thiago Elias Mauad de Abreu

Diretor Editorial | **Gustavo Abreu**
Diretor Administrativo | **Júnior Gaudereto**
Diretor Financeiro | **Cláudio Macedo**
Logística | **Vinícius Santiago**
Designer Editorial | **Luís Otávio Ferreira**
Assistente Editorial | **Giulia Staar e Laura Brand**
Diagramação | **Gustavo Zeferino**

Conselho Editorial | Alessandra Mara de Freitas Silva; Alexandre Morais da Rosa; Bruno Miragem; Carlos María Cárcova; Cássio Augusto de Barros Brant; Cristian Kiefer da Silva; Cristiane Dupret; Edson Nakata Jr; Georges Abboud; Henderson Fürst; Henrique Garbellini Carnio; Henrique Júdice Magalhães; Leonardo Isaac Yarochewsky; Lucas Moraes Martins; Luiz Fernando do Vale de Almeida Guilherme; Nuno Miguel Branco de Sá Viana Rebelo; Renata de Lima Rodrigues; Rubens Casara; Salah H. Khaled Jr; Willis Santiago Guerra Filho.

Todos os direitos reservados.
Não é permitida a reprodução desta obra sem aprovação do Grupo Editorial Letramento.

Referência para citação
ABREU, Thiago Elias Mauad; NETO, Eduardo Grossi Franco. *70 Grandes Erros em Licitações e Contratos*: teoria, legislação e jurisprudência. Belo Horizonte: Letramento, 2019. 206 p. ISBN 978-85-9530-316-4.

Dados Internacionais de Catalogação na Publicação (CIP) de acordo com ISBD

F825s	Franco Neto, Eduardo Grossi
	70 Grandes Erros em Licitações e Contratos: teoria, legislação e jurisprudência / Eduardo Grossi Franco Neto, Thiago Elias Mauad de Abreu. - Belo Horizonte : Letramento ; Casa do Direito, 2019. 206 p. ; 14cm x 21cm.
	Inclui bibliografia. ISBN: 978-85-9530-316-4
	1. Direito. 2. Licitações. 3. Contratos. I. Abreu, Thiago Elias Mauad de. II. Título.
2019-1465	CDD 342 CDU 342.951

Elaborado por Odilio Hilario Moreira Junior - CRB-8/9949

Índice para catálogo sistemático:
1. Direito administrativo 342
2. Direito administrativo 342.951

Belo Horizonte - MG
Rua Magnólia, 1086
Bairro Caiçara
CEP 30770-020
Fone 31 3327-5771
contato@editoraletramento.com.br
editoraletramento.com.br
casadodireito.com

Casa do Direito é o selo jurídico do Grupo Editorial Letramento

SUMÁRIO

APRESENTAÇÃO   13

LAUDO TÉCNICO   17

PREFÁCIO   19

CAPÍTULO I - FASE PRÉ-PROCESSUAL   **21**

1. AUSÊNCIA DE CAPACITAÇÃO DOS SERVIDORES   23

2. AUSÊNCIA DE PLANEJAMENTO   27

3. FRACIONAMENTO IRREGULAR DE DESPESA   30

CAPÍTULO II - FASE DE INSTRUÇÃO PROCESSSUAL   **37**

4. AUSÊNCIA DE DESIGNAÇÃO DO FISCAL DO CONTRATO   39

5. AUSÊNCIA DE JUSTIFICATIVA PARA PERMISSÃO DE ADESÃO DE CARONAS EM ATA DE REGISTRO DE PREÇOS   40

6. AUSÊNCIA DE JUSTIFICATIVA PARA ÍNDICE DE LIQUIDEZ   42

7. PARA FORNECIMENTO DE BENS COM ENTREGA IMEDIATA E INTEGRAL, É DISPENSÁVEL MINUTA CONTRATUAL, CASO NÃO EXISTAM OBRIGAÇÕES FUTURAS.   45

8. AUSÊNCIA DE MOTIVAÇÃO IDÔNEA PARA AS EXIGÊNCIAS E ESPECIFICAÇÕES TÉCNICAS CONSTANTES DO TERMO DE REFERÊNCIA OU DO EDITAL   46

9. INDICACAÇÃO DE MARCA SEM FUNDAMENTAÇÃO IDÔNEA   48

10.	AUSÊNCIA DE ORÇAMENTO ESTIMADO EM PLANILHAS NOS AUTOS DA FASE INTERNA DO PREGÃO – DESNECESSIDADE DE PUBLICAÇÃO DOS ORÇAMENTOS	52
11.	PREGÃO: EXPRESSO ATESTE DE QUE OS BENS OU SERVIÇOS POSSUAM NATUREZA COMUM	54
12.	DEFICIÊNCIA NA PESQUISA DE PREÇOS	55
13.	JUNTADA DOS ORÇAMENTOS QUE COMPÕEM O PREÇO DE REFERÊNCIA	59
14.	NECESSIDADE DE MOTIVAÇÃO EXPRESSA PARA AUTORIZAÇÃO OU VEDAÇÃO DA PARTICIPAÇÃO DE CONSÓRCIOS.	62
15.	SE O TIPO DE LICITAÇÃO FOR "TÉCNICA E PREÇO", A ADOÇÃO DE PESOS DISTINTOS EXIGE FUNDAMENTAÇÃO ESPECÍFICA.	65
16.	AUSÊNCIA DE JUSTIFICATIVA ACERCA DA AGLUTINAÇÃO DE ITENS EM LOTES/GRUPOS	66
17.	AUSÊNCIA DE ESTUDO DEMONSTRANDO QUE A LOCAÇÃO É A SOLUÇÃO MAIS VANTAJOSA EM DETRIMENTO DA AQUISIÇÃO E VICE-VERSA (CONTRATOS QUE ENVOLVAM LOCAÇÃO OU AQUISIÇÃO DE EQUIPAMENTOS OU AUTOMÓVEIS)	69
18.	AUSÊNCIA DE JUSTIFICATIVA QUANTO À VIGÊNCIA CONTRATUAL INICIAL MAIOR DO QUE 12 (DOZE) MESES	70
19.	FALTA DE JUSTIFICATIVA DO QUANTITATIVO A SER ADQUIRIDO	75

CAPÍTULO III - NO EDITAL — 79

20. AUSÊNCIA DE PREVISÃO DE FORMAS DE IMPUGNAÇÃO E INTERPOSIÇÃO DE RECURSOS À DISTÂNCIA — 81

21. AUSÊNCIA DE RESERVA DE ITENS PARA ME/EPP OU FALTA DE JUSTIFICATIVA PARA A NÃO RESERVA — 82

22. NATUREZA DO VÍNCULO EMPREGATÍCIO OU SOCIETARIO COMO REQUISITO DE PARTICIPAÇÃO NA LICITAÇÃO — 85

23. REGRA RESTRITIVA DE COMPETITIVIDADE: GRUPO ECONÔMICO E SÓCIOS COM RELAÇÃO DE PARENTESCO — 88

24. EXIGÊNCIA DE CAPITAL SOCIAL INTEGRALIZADO — 90

25. EXIGÊNCIA DE AMOSTRA DE TODOS OS LICITANTES — 91

26. EXIGÊNCIA DE PUBLICAÇÃO NO DIÁRIO OFICIAL DA UNIÃO PARA AS LICITAÇÕES PROMOVIDAS PELO ESTADO E PELOS MUNICÍPIOS COM USO DE VERBA FEDERAL — 94

27. COMPROVAÇÃO DE CAPACIDADE TÉCNICA EM PERCENTUAL MÍNIMO SUPERIOR A 50% — 96

28. EXIGÊNCIA DE CAT DE PESSOA JURÍDICA — 99

29. RECUSA DE CERTIDÃO POSITIVA COM EFEITOS DE NEGATIVA — 101

30. EXIGÊNCIA DE PRODUTOS DE "1ª LINHA" — 102

31. COMO REGRA, É ADMITIDA A SOMA DE ATESTADOS DE CAPACIDADE TÉCNICO-OPERACIONAL. — 105

32.	EXIGÊNCIA DE REGULARIDADE FISCAL MUNICIPAL	107
33.	EXIGÊNCIA DE CERTIDÃO DE QUITAÇÃO NA ENTIDADE PROFISSIONAL COMPETENTE - ARTIGO 30, INCISO I, DA LEI FEDERAL N. 8666/93.	108
34.	REGRA EDITALÍCIA RESTRITIVA DE COMPETITIVIDADE: PROIBIÇÃO DE PARTICIPAÇÃO DE EMPRESAS EM RECUPERAÇÃO JUDICIAL.	110
35.	EXIGÊNCIA DE DOCUMENTO DE TERCEIRO	112
36.	PREVISÃO DE RETENÇÃO DE PAGAMENTO EM CASO DE IRREGULARIDADE FISCAL	114
37.	ALTERAÇÃO DO EDITAL SEM PUBLICAÇÃO E DEVOLUÇÃO DE PRAZO	117
38.	EXIGÊNCIA DE CÓPIA DE CONTRATO OU NOTA FISCAL JUNTO AOS ATESTADOS DE CAPACIDADE TÉCNICA	119
39.	VEDAÇÃO A BALANÇO PROVISÓRIO. PERMISSÃO DE BALANÇO INTERMEDIÁRIO	120
40.	VEDAÇÃO DE PARTICIPAÇÃO DE SOCIEDADE ESTRANGEIRA	122
41.	GARANTIA DO FABRICANTE, CONVENCIONAL E LEGAL	122
42.	VISTORIA TÉCNICA	126
43.	EXIGÊNCIA DE ESTRUTURA FÍSICA NO MOMENTO DA LICITAÇÃO	130
44.	PRAZO DE VALIDADE DO ATESTADO DE CAPACIDADE TÉCNICA	132

45.	RESTRIÇÃO DE ATESTADO DE CAPACIDADE TÉCNICA PARA AQUELES EMITIDOS POR PESSOAS JURÍDICAS DE DIREITO PÚBLICO	134
46.	EXIGÊNCIA DE ATESTADO DE CAPACIDADE TÉCNICA PARA TIPOLOGIA ESPECÍFICA	135
47.	EXIGÊNCIA DE ATESTADO DE CAPACIDADE TÉCNICA PARA ITENS QUE SERÃO SUBCONTRATADOS	138
48.	SUBCONTRATAÇÃO NAS HIPÓTESES DE DISPENSA OU INEXIGIBILIDADE DE LICITAÇÃO	140
49.	NECESSIDADE DE DISCRIMINAÇÃO INDIVIDUALIZADA DAS HIPÓTESES DE SUBCONTRATAÇÃO	142
50.	IMPOSSIBILIDADE DE ENTENDER NÍVEIS DE SERVIÇO COMO SANÇÕES	144
51.	EXIGÊNCIA NA FASE DE LICITAÇÃO DE CERTIFICADOS DE QUALIDADE	147
52.	EXIGÊNCIA DE CERTIDÃO DE PROTESTO NA FASE HABILITATÓRIA	150
53.	EXIGÊNCIA DE REGISTRO EM ENTIDADE PROFISSIONAL APENAS PARA O CONSELHO QUE FISCALIZA A ATIVIDADE BÁSICA OU O SERVIÇO PREPONDERANTE DA LICITAÇÃO	151
54.	EXIGÊNCIA DE CERTIDÃO DE INSOLVÊNCIA CIVIL PARA PESSOAS FÍSICAS OU NÃO-EMPRESÁRIAS	154
55.	PREVISÃO DE PAGAMENTO ANTECIPADO (ANTES DO ADIMPLEMENTO) SEM AS DEVIDAS JUSTIFICATIVAS	155

CAPÍTULO IV - MINUTA CONTRATUAL 159

56. DA NECESSIDADE DE PREVISÃO CONTRATUAL PARA PRORROGAÇÃO DA RELAÇÃO JURÍDICA NO SERVIÇO CONTÍNUO 161

57. DO PRAZO DE VIGÊNCIA NOS CONTRATOS DE LOCAÇÃO DE IMÓVEIS - IMPOSSIBILIDADE DE AJUSTES VERBAIS OU PRORROGAÇÕES AUTOMÁTICAS POR PRAZO INDETERMINADO 162

58. DESVINCULAÇÃO DO TERMO DE VIGÊNCIA E DA GARANTIA DO PRODUTO 165

CAPÍTULO V - FASE DE JULGAMENTO E RECURSAL 167

59. DILIGÊNCIA DO PREGOEIRO - LIMITES 169

60. DESCLASSIFICAÇÃO ANTECIPADA POR ERRO MATERIAL NA PLANILHA DE CUSTOS 172

61. DA ADMISSIBILIDADE DO RECURSO: REJEIÇÃO SUMÁRIA DA INTENÇÃO DE RECURSO NO PREGÃO ELETRÔNICO OU PRESENCIAL 174

CAPÍTULO VI - FASE DE EXECUÇÃO CONTRATUAL 177

62. PRORROGAÇÃO DA VIGÊNCIA DOS CONTRATOS POR ESCOPO COM O FUNDAMENTO LEGAL DA PRORROGAÇÃO DOS SERVIÇOS DE NATUREZA CONTÍNUA 179

63. PRORROGAÇÃO APÓS EXPIRADO PRAZO DE VIGÊNCIA 182

64. RENOVAÇÃO DA GARANTIA NO CASO DE PRORROGAÇÃO DE VIGÊNCIA OU DE EXECUÇÃO 186

65.	NOVA VERIFICAÇÃO DE VANTAJOSIDADE POR OCASIÃO DA PRORROGAÇÃO/RENOVAÇÃO DO VÍNCULO CONTRATUAL	187
66.	PRECLUSÃO DO DIREITO PATRIMONIAL AO REAJUSTE OU À REPACTUAÇÃO SEM O SEU EXERCÍCIO NO MOMENTO OPORTUNO COM A RATIFICAÇÃO DAS CONDIÇÕES ANTERIORES POR OCASIÃO DA PRORROGAÇÃO DO VÍNCULO	190
67.	INCLUSÃO DE ITEM NOVO (ALTERAÇÃO QUALITATIVA): PESQUISA DE MERCADO.	193
68.	PRORROGAÇÃO DE DISPENSA DE LICITAÇÃO POR VALOR SE ULTRAPASSADO O TETO.	195
69.	ALTERAÇÕES QUALITATIVAS E QUANTITATIVAS, ACRÉSCIMOS E SUPRESSÕES: NÃO SE COMPENSAM NUMERICAMENTE.	197
70.	ALTERAÇÃO DE MARCA DURANTE A VIGÊNCIA DA ATA DE REGISTRO DE PREÇOS OU DO CONTRATO	200
REFERÊNCIAS BIBLIOGRÁFICAS		203

APRESENTAÇÃO

"70 GRANDES ERROS EM LICITAÇÕES E CONTRATOS"

La maggior parte delle teorie sono generalmente
razionalizzazioni postume della prassi.[1]

Norberto Bobbio

A Advocacia Pública, positivada como uma das funções essenciais à justiça na Constituição brasileira,[2] desempenha múnus basilar ao aperfeiçoamento dos processos, à manutenção da integridade das instituições, à defesa do erário público e à garantia da segurança jurídica.

No exercício diário de suas atribuições, os advogados públicos se defrontam com as normas vivificadas, extraídas da letra fria e morta das leis, a observar em posição privilegiada o direito em movimento: padrões rotineiros, desvios corriqueiros, e oportunidades de se inovar sem se desbordar das raias do ordenamento jurídico.

Os advogados públicos, incluídos nesta categoria os Procuradores do Estado, em sua "árdua fadiga posta ao serviço da justiça",[3] não somente podem, como devem "atuar para

---

1 "A maior parte das teorias são, geralmente, racionalizações póstumas da práxis." BOBBIO, Norberto. Quale socialismo? Discussioni su un'alternativa. *In: Rivista Mondoperaio, 1976.*

2 BRASIL. Constituição da República Federativa do Brasil. Capítulo IV. Das funções essenciais à justiça. Seção II. Da Advocacia Pública.

3 COUTURE, Eduardo. Los mandamientos del abogado. *In:* Revista de la Escuela Nacional de Jurisprudencia, vol. LII, nº 238, 2002.

aumentar a segurança jurídica na aplicação das normas" (artigo 30, da Lei de Introdução às Normas do Direito Brasileiro).[4]

Em boa hora, e com este propósito, vem este livro. Não sendo o direito somente destinado aos juristas, mas aos gestores, aos operadores do direito, e, em fim último, à toda a sociedade, "70 Grandes Erros em Licitações e Contratos" é monumento à segurança jurídica esculpido por dois Procuradores do Estado responsáveis pela garantia da licitude e higidez jurídica das compras públicas no Poder Executivo do Estado de Minas Gerais. A vasta experiência que detêm, consubstanciada no desempenho de tarefas diuturnas as quais já desaguaram em mais de duas mil manifestações jurídicas orientadoras de licitações públicas e contratos administrativos, proporciona um manual atualizado, objetivo, sintético e de fácil leitura sobre a temática.

A segurança jurídica constitui o maior desafio para a Justiça Brasileira no século XXI, conforme informou o Anuário da Justiça Brasileira em 2019.[5] Os ventos atuais reclamam por seu reforço – como demonstram a promulgação: (I) da chamada "Lei da Segurança Jurídica" (Lei nº 13.655, de 25 de abril de 2018), que veio alterar a LINDB, conferindo maior previsibilidade à atuação dos gestores e autoridades públicos; e (II) do Código de Processo Civil de 2015 (Lei nº 13.105, de 16 de março de 2015), que, em seu espírito, almejou a uniformização das decisões judiciais, sob a sistemática de precedentes, repetitivos, repercussões gerais, dentre outras

---

4 BRASIL. Decreto-Lei nº 4.657, de 4 de setembro de 1942. Art. 30. As autoridades públicas devem atuar para aumentar a segurança jurídica na aplicação das normas, inclusive por meio de regulamentos, súmulas administrativas e respostas a consultas (incluído pela Lei nº 13.655, de 2018).

5 *Segurança jurídica é o desafio do século XXI para a Justiça brasileira.* Disponível em: <https://www.conjur.com.br/2019-mai-27/anuario-justica-seguranca-juridica-desafio-seculo-xxi>. Acesso: 28 de agosto de 2019.

inovações, estabilizando relações e trazendo maior proteção da confiança ao sistema judicial. Em área sensível como a das contratações públicas, para encarar o desafio posto, este livro, se utilizado e bem divulgado, servirá como um ferramental preciso para todos.

Belo Horizonte, 29 de agosto de 2019.

SÉRGIO PESSOA DE PAULA CASTRO

Advogado-Geral do Estado de Minas Gerais.
Mestre em Direito Administrativo pela UFMG.

LAUDO TÉCNICO

Os Procuradores do Estado, Thiago Elias Mauad de Abreu e Eduardo Grossi Franco Neto, vêm apresentar a este Centro de Estudos Celso Barbi Filho da Advocacia-Geral do Estado de Minas Gerais (AGE/MG) a obra "70 Grandes Erros em Licitações e Contratos" para avaliação e ateste de sua qualidade científica. Acaso o parecer seja positivo, receberá o apoio institucional desta unidade administrativa responsável por coordenar os trabalhos da AGE como Instituição Científica, Tecnológica e de Inovação (ICT), atendendo-se ao disposto nos artigos 218 a 219-B da CRFB/88, à Lei nº 13.243 de 2016 – Marco Legal de Ciência, Tecnologia e Inovação (MLCTI) –, notadamente seu artigo 2º, e ao Decreto Estadual nº 47.442 de 2018, que a regulamenta, sobretudo no que concerne às disposições constantes nos artigos 2º e 79.

Observa-se que a obra embebe do conhecimento prático dos advogados públicos responsáveis por coordenar juridicamente as licitações e os contratos administrativos da Central de Compras do Estado de Minas Gerais. Nesse sentido, não se trata de mero empreendimento teórico abstrato, sem embasamento real, mas nítido despertar observacional atinente aos recorrentes erros cometidos pelos envolvidos nesses processos administrativos.

Por essa razão, percebe-se que o livro representa um genuíno manual prático preventivo a todos aqueles atuantes no processo licitatório, tanto na qualidade de licitantes, quanto na qualidade de gestores das licitações e dos contratos administrativos. O texto está estruturado de forma objetiva, didática e de clara compreensão, a evidenciar sobeja contribuição para se reduzirem equívocos formais nas licitações e nos contratos públicos. Se utilizado e disseminado, certamente amenizará o número de procedimentos de aquisição suspensos pelos órgãos de controle em razão de erros procedimentais e materiais. Por conseguinte, evitará a paralisação da prestação de serviços públicos caros à população, diminuirá o passivo de ações relativas aos contratos e às licitações, e acercará os gestores e licitantes de invectivas plenamente desnecessárias.

Assim, não possuindo paralelo consabido na literatura jurídica e nos manuais de órgãos públicos, o livro que se pretende publicar é inovador e externa ao público um conhecimento tácito dos membros desta AGE, difundindo-o de maneira acessível e produtiva.

Destarte, merece ser acolhido o apoio institucional à esta exímia obra.

09 de Agosto de 2019

ONOFRE ALVES BATISTA JÚNIOR

Diretor do Centro de Estudos da Advocacia-Geral do Estado de Minas Gerais (AGE). Coordenador da Revista Jurídica da AGE. Ex-Advogado-Geral do Estado de Minas Gerais. Professor Associado de Direito Público do Quadro Efetivo da Graduação e Pós-Graduação da Universidade Federal de Minas Gerais (UFMG). Pós-Doutoramento em Direito (Democracia e Direitos Humanos) pela Universidade de Coimbra. Doutor em Direito Público pela UFMG. Mestre em Ciências Jurídico-Políticas pela Universidade de Lisboa. Membro do Conselho Curador da Fundação de Amparo à Pesquisa de Minas Gerais (FAPEMIG). Diretor Científico da Associação Brasileira de Direito Tributário (ABRADT). Membro do Conselho Consultivo do Colégio de Procuradores-Gerais dos Estados e do Distrito Federal (CONPEG). Procurador do Estado de Minas Gerais.

PREFÁCIO

Dados da Fundação Getúlio Vargas[6] demonstram que a atuação dos órgãos de controle vem crescendo, assim como também vem recrudescendo o número e o rigor das punições. Esse contexto de majoração das condenações de servidores públicos faz com que a qualificação daqueles que atuam em licitações seja cada vez mais indispensável. O Poder Público, contudo, nem sempre possui a capacidade de efetivar o treinamento dos seus servidores, seja em razão da priorização de outros assuntos ou em função da "crise do Estado", revelada pela sua (usual) incapacidade financeira e gerencial.

A Escola de Direito da Fundação Getúlio Vargas realizou, em 2018, balanço crítico acerca da atuação do Tribunal de Contas da União. Um dos dados que mais chamam a atenção foi o crescimento exponencial do número de pessoas condenadas pelo Tribunal: em 2005, 1.484 pessoas foram condenadas ao pagamento de multa ou ressarcimento de danos ao erário, num valor total de R$ 362 milhões. Em 2016, ano em que 3.005 pessoas foram condenadas (variação de 102%), o valor total de multas e indenizações fixadas atingiu R$ 2,4 bilhões (crescimento de 235%, considerada a inflação). Também houve o incremento na quantidade de acórdãos proferidos. Segundo o estudo, em 2005, o TCU emitiu 7.044 acórdãos. Em 2016, o número chegou a 24.367, um aumento equivalente a 245%.

Esse contexto demonstra um ciclo vicioso em que o Estado não capacita seus agentes públicos, ao mesmo tempo em que os pune por cometer erros formais nos procedimentos administrativos relativos a licitações e contratos.

---

6 GRUPO PÚBLICO DA FGV DIREITO SP/SBDP. **Balanço crítico parcial de 2018**. São Paulo, SP, 2018.

Esse ambiente de insegurança jurídica faz com que a atenção dos agentes públicos, envolvidos nas compras governamentais, se voltem mais para o procedimento, ficando a efetivação da política pública em segundo plano, realidade que se mostra absolutamente indesejável e contra a ideia inerente à reforma da administração gerencial (a qual prima pela efetivação do princípio da eficiência).

Em razão desse contexto, os autores, que atuam diuturnamente na consultoria jurídica em licitações e contratos administrativos há mais de cinco anos (ambos já emitiram mais de dois mil pareceres jurídicos em licitações e contratos), sistematizaram, nessa obra, os equívocos mais recorrentes nos procedimentos de compras governamentais, a fim objetivar os pontos de risco mais comuns.

Grande parte das condenações nas Cortes de Contas se referem à simples questões formais, tais como a ausência de justificativas das decisões tomadas (princípio da motivação). Os princípios da moralidade, publicidade e do controle jurisdicional, bem como a própria existência do Estado Democrático de Direito não admitem decisões obscuras ou desmotivadas.

Esse livro adota uma forma de manual, tendo sido elaborado para ser um guia prático-profissional, em que foram listados os erros mais comuns de forma objetiva e direta, a fim de permitir que o operador de compras públicas possa consultá-lo diariamente durante o exercício de seu mister.

A obra objetiva contribuir com a diminuição de irregularidades meramente procedimentais. Ao mesmo tempo, colabora com a prevenção de condenações administrativas, civis ou criminais dos gestores públicos.

Com o crescimento da atuação dos órgãos de controle, uma ferramenta prática e de fácil consulta torna-se necessária no dia a dia do agente de licitação, reduzindo riscos e permitindo que as políticas públicas sejam efetivadas com reduzidas chances de paralisação.

CAPÍTULO I – FASE PRÉ-PROCESSUAL

1. AUSÊNCIA DE CAPACITAÇÃO DOS SERVIDORES

A atividade administrativa deve ser realizada de forma rápida, célere e dinâmica, a fim de se alcançar resultados com rapidez, deixando de lado a noção de excessiva burocracia[7].

Dentre as ferramentas de gestão utilizadas a fim de se alcançar a eficiência administrativa, há a preocupação com o estímulo ao rendimento profissional do servidor público, assim compreendido como a profícua relação do agente público com os resultados gerenciais[8]. A profissionalização do agente de compras púbicas certamente permeia esses objetivos fundamentais.

O projeto da nova lei de licitações (nº 1.292, de 1995)[9], traz a capacitação dos servidores ou empregados responsáveis pela fiscalização e gestão contratual como providência a ser adotada pela Administração previamente à celebração dos contratos (art. 18, X, § 1º, "j").

O PL da nova lei de licitações também atribui aos tribunais de contas, por meio de suas respectivas escolas de contas, a obrigação de promover eventos de capacitação para os servidores efetivos e empregados públicos designados para o desempenho das funções essenciais à execução desta Lei, in-

---

7 JÚNIOR, Dirley da Cunha. *Curso de direito constitucional.* 4ª ed. Salvador: Juspodivm, 2010. p. 918.

8 ANDRADE, Alberto Guimarães. *Entre a abstração e a realidade: desafios e potencialidades par ao estímulo à atuação profissional eficiente.* In: BATISTA JUNIOR, Onofre Alves; CASTRO, Sérgio Pessoa de Paula (Coord.). *Tendências e perspectivas do direito administrativo: uma visão da escola mineira.* Belo Horizonte: Fórum, 2012. p. 20.

9 Redação do PL nº 1.292/95 vigente em dezembro de 2018.

cluindo cursos presenciais e à distância, redes de aprendizagem seminários e congressos sobre contratações públicas (art. 17).

A falta de capacitação dos servidores públicos envolvidos em todas as etapas da licitação é, certamente, uma das questões mais sensíveis em compras públicas. Muitos dos problemas formais que paralisam os procedimentos de aquisição por ordem dos órgãos de controle externo (Poder Judiciário, Tribunais de Contas) ou interno (controladorias ou corregedorias) se referem a equívocos formais cometidos no desenvolver das fases dos processos. É possível dizer que os erros procedimentais, que muitas vezes ocorrem por ausência de conhecimento dos atores envolvidos, geram mais risco de causar a paralisação de aquisições pelo Estado do que a própria corrupção. Não porque a corrupção seja menos grave do que equívocos formais, mas porque a corrupção nos processos licitatórios (mormente concretizada pelo conluio entre empresas ou entre empresas e agentes públicos) não é, evidentemente, formalizada nos autos dos processos de compras públicas.

O investimento dos órgãos e entidades públicas na capacitação dos servidores públicos é indispensável a fim de evitar que irregularidades resultem na paralisação de licitações concluídas ou não, para que a prestação do serviço público à população não seja afetada.

A questão da capacitação é tão grave que chegou a desembocar em manifestação do Tribunal de Contas da União. No **Acórdão TCU nº 1.007/2018**[10], houve a determinação para que o Hospital Universitário Clementino Fraga Filho, da Universidade Federal do Rio de Janeiro – HUCFF/UFRJ – promovesse cursos de capacitação sistemática, para elaborar adequado planejamento para as aquisições a fim de se evitarem aquisições indevidas por dispensa ou inexigibilidade de lici-

---

10 TCU, acórdão 1007/2015 Plenário, Rel. Min. ANA ARRAES, sessão de 02/05/2018.

tação, bem como para formalizar norma ou manual de funcionamento do Setor de Licitações e Contratos.

O Acórdão destacou a importância de elaboração e adoção rotineira de um programa continuado de implementação de ações de treinamento e atualização profissional periódica, com aprimoramento continuado de competências desempenhadas na área de licitações e contratos, até mesmo com o emprego dos sistemas operacionais aplicáveis. Destacou que público-alvo devem ser todos os agentes lotados no Serviço de Licitações e Contratos do Hospital, bem como agentes designados como fiscais de execução contratual, que, efetivamente, sejam responsáveis pela prática de atos ao longo das fases interna e externa de contratações.

O TCU também já havia se manifestado acerca da necessidade de capacitação em licitação no **Acórdão 564/2016**[11].

A Lei nº 16.928, de 16/01/2019, do Estado de São Paulo, confirmando a importante diretriz de profissionalização dos agentes públicos envolvidos nos procedimentos de contratação pública, dispõe, em seu art. 8º, que "(...) *a Administração Estadual deverá capacitar os gestores responsáveis pelas contratações públicas e estimular órgãos e entidades públicos e privados a capacitarem as microempresas e empresas de pequeno porte visando à sua participação nos processos licitatórios*".

A melhoria e a profissionalização na gestão das compras públicas são valores previstos na Diretiva da União Europeia nº 2014/24/UE[12].

---

11 TCU, 1ª Câmara, Rel. Min. BENAJMIN ZYMLER, sessão de 02/02/2016.

12 UNIÃO EUROPEIA. *Diretiva 2014/24/UE do Parlamento Europeu e do Conselho, de 26 de fevereiro de 2014, relativa aos contratos públicos e que revoga a Diretiva 2004/18/CE*. 2014. Ver, em especial, os 'Considerandos' nºs 59, 69 e 121. Disponível em <https://eur-lex.europa.eu/legal-content/PT/TXT/HTML/?uri=CELEX:32014L0024&from=pt>. Acesso em 10/08/2019.

A capacitação dos profissionais em compras públicas converge, ainda, com a ideia de transparência, publicidade e rastreabilidade dos procedimentos de licitação e suas fases subsequentes, também com o objetivo de contribuir com o combate à corrupção (PARISI, 2015)[13], até porque o servidor bem treinado tem mais condições de detectar eventuais conluios ou a manipulação de lances (Albano e Nicholas, 2016)[14].

---

13 PARISI, Nicoletta. *L'attività di constrasto alla corruzione sul piano della prevenzione. In:* La corruzione a due anni della Riforma Severino. BORSARI, Ricardo (cura): Padova University Press, 2015. p. 121: "Quanto alle stazioni appaltanti e alle centrali di committenza: simmetricamente all'obiettivo di conseguire l'aggregazione e la centralizzazione di esse138, il Codice individua nell'A.N.AC. **l'autorità competente a prendere parte, tramite parere, ala definizione delle modalità di attuazione di un sistema di qualificazione utile ad assicurare elevati livelli di professionalità di chi può indire le gare**. La Legge delega dispone la tenuta di un elenco pubblico al quale accedere secondo standard definiti e requisiti premianti, tra i quali vi è anche la «valutazione positiva dell'A.N.AC. in ordine all'attuazione di misure di prevenzione dei rischi di corruzione e promozione della legalità". (grifamos)

14 ALBANO, Gian Luigi; NICHOLAS, Caroline. *The law and economics of framework agreements: Designing Flexible Solutions for Public Procurement.* New York: Cambridge University Press, 2016.p. 245 (Kindle edition): "Despite an apparent regular uncovering of cartels,100 their existence is not easy to detect. As has been observed, cartel membership may cover the entire industry, and purchasers will generally have no external benchmark price that indicates they are being overcharged. However, in the public procurement context, 'bid rigging requires that the participating firms agree on the bid participation strategy (who wins and at what price, who will participate today and also who wins and who participates to future bids). As a result, **bid riggers leave a lot evidence on the strategies pursued that a well-trained public administration official could indeed identify**". (grifamos)

2. AUSÊNCIA DE PLANEJAMENTO

Planejamento em licitação corresponde aos estudos preliminares realizados pelo gestor público (nos quais se previnem riscos e se corrigem desvios) que o levem a eleger a solução de aquisição de bens ou serviços mais adequados para obtenção de um determinado fim, de maneira mais eficiente e econômica possível.

Quando a Administração desencadeia uma licitação ou promove uma contratação sem ter cumprido com as indispensáveis providências prévias (como um responsável planejamento), com a assunção de riscos de insucesso, controvérsias e litígios, resta caracterizado sério vício[15], o qual pode desembocar na responsabilidade do Estado e, subsidiariamente, do (s) servidor (es) público (s) envolvidos.

A Lei de Responsabilidade Fiscal estabelece que *"A responsabilidade na gestão fiscal pressupõe a ação planejada e transparente, em que se previnem riscos e corrigem desvios capazes de afetar o equilíbrio das contas públicas (...)"* (art. 1º, § 1º). É justamente o planejamento nas compras que previne os riscos e que permite aquisições mais adequadas e eficazes, evitando-se desperdício do erário.

No Projeto de Lei nº 1292/95, **o planejamento foi alçado a princípio expresso e autônomo**, como se observa no art. 5º, cuja densificação é amplamente encontrada na nova lei geral: no inc. VII do art. 12, prevê-se o encontro do planejamento com o plano de contratações anual, *'com o objetivo de racionalizar as contratações dos órgãos e entidades sob sua competência, garantir o alinhamento como seu planejamento estratégico e subsidiar a elaboração das respectivas leis orçamentárias.'*

---

15 JUSTEN FILHO, Marçal. *Curso de direito administrativo*. 10 ed. São Paulo: Revista dos Tribunais, 2014.p. 492.

No art. 18, há comunhão da *fase preparatória*, caracterizada pelo planejamento, compatibilizada com o plano de contratações anual, de modo a *'abarcar todas as considerações técnicas, mercadológicas e de gestão que podem interferir na contratação'*. Arcabouço normativo presente também na alínea 'b' do §1º do art. 18; art. 39; alínea 'a' do inc. III do art. 72; inc. III, do §3º do art. 173.

Marçal Justen Filho[16] identifica **quatro etapas** de planejamento que devem ocorrer no estudo prévio à licitação:

PLANEJAMENTO EM LICITAÇÃO (JUSTEN FILHO)	
ETAPA	**CONTEÚDO**
1)	Identificar a necessidade a ser satisfeita. Isso se traduz numa constatação sobre a situação fática presente ou futura.
2)	Considerar as alternativas de solução. Isso significa comparar as soluções possíveis e determinar as vantagens e desvantagens existentes.
3)	Determinar a viabilidade jurídica e financeira de promover uma determinada solução. É perfeitamente possível que a Administração conclua que a necessidade não poderá ser satisfeita ou que uma providência ótima sob o prisma técnico é inadequada em vista das limitações orçamentárias.
4)	Determinação do regime de execução da atividade. A Administração deverá verificar se a execução direta, por seus próprios recursos, é a solução mais adequada. Constatada a conveniência da execução indireta, caberá cogitar da contratação de um terceiro – e, portanto, das condições contratuais.

---

16 JUSTEN FILHO, Marçal. Comentários a lei de licitações e contratos. 17ª ed. São Paulo: Revista dos Tribunais, 2016.

A ausência de planejamento nas licitações (ou seu planejamento inadequado) é uma das principais causas dos problemas referentes à contratação. O planejamento inexistente ou inadequado pode gerar desde problemas na execução contratual até a paralisação judicial da licitação. Também pode originar danos ao erário e outras contratações indevidas (como é o caso de contratações por dispensa de licitação por emergência (art. 24, IV, Lei 8.666, de 1993) originadas da desídia ou ausência de planejamento, que podem implicar a responsabilização dos gestores responsáveis (**TCU, Acórdão 1842/2017-Plenário**[17]).

Como bem pondera Renato Geraldo Mendes, em livro dedicado ao processo de contratação pública, *'o pregão é uma solução que proporciona eficiência em relação à segunda fase do processo, mas o problema maior não está mais nela, e sim no que vem antes – o planejamento. Não podemos esquecer que a fase externa é condicionada pela interna (...) A dificuldade do planejamento está no fato de que seu objetivo é realizar quatro providências fundamentais: a identificação da necessidade, a definição integral do encargo, a redução dos riscos e a fixação adequada das regras de disputa (o edital)'.*[18]

O TCU, no **Acórdão 1739/2011**[19], também já decidiu que deve haver a execução adequada do processo de planejamento das contratações, a fim de estimar os quantitativos de bens e serviços a serem contratados, evitando a necessidade de firmar aditivos com acréscimo de valor (art. 65, § 1º, da Lei 8.666, de 1993) em prazo exíguo.

---

17 TCU, Acórdão 1842/2017, Plenário. Relator do Vital do Rêgo. Sessão 23/08/2017.

18 MENDES, Renato Geraldo. O Processo de Contratação Pública – Fases, etapas e atos. Curitiba: Zênite, 2012 – p. 35-38

19 TCU, Acórdão 1739/2011, Plenário. Relator Ubiratan Aguiar. Sessão 29/06/2011.

AUSÊNCIA DE PLANEJAMENTO	
ACÓRDÃO	**ENTENDIMENTO**
Acórdão TCU nº 4436/2018-Plenário	Exigências de habilitação são inerentes à **etapa de planejamento da contratação**, razão pela qual irregularidades apuradas nessa fase não podem ser imputadas aos integrantes da comissão de licitação, designada para a fase de condução do certame.
Acórdão TCU nº 1842/2017-Plenário	É possível a contratação por dispensa de licitação, com base no art. 24, inciso IV, da Lei 8.666/1993, **ainda que a emergência decorra da falta de planejamento**, inércia administrativa ou da má gestão dos recursos públicos, sem prejuízo da responsabilização dos gestores que não providenciaram, tempestivamente, o devido processo licitatório.
Acórdão TCU nº 2598/2016-Plenário	Atrasos na execução de projetos custeados com recursos federais descentralizados por meio de transferências voluntárias, quando gerados por **falhas de planejamento** por 31630900 parte dos órgãos executores, sujeitam os responsáveis às sanções previstas na Lei 8.443/1992, por ofensa aos princípios da economicidade e da eficiência na Administração Pública, previstos no art. 37, caput, da Constituição Federal.

3. FRACIONAMENTO IRREGULAR DE DESPESA

O fracionamento irregular de despesa ocorre com o objetivo de fuga da modalidade licitatória correta. A título de exemplo, caracteriza-se o fracionamento irregular se a unidade gestora realiza, num mesmo exercício financeiro (art. 34 da Lei 4.320, de 1964), diversas aquisições do mesmo objeto mediante diversas dispensas de licitação em razão do valor (art. 24, II, da Lei de Licitações), sendo considerada infração grave (**TCU, acórdão nº 7012, de 2012, 1ª Câmara**[20]), ensejando aplicação de multa ao gestor (**TCU, acórdão nº 3153, de 2011, Plenário**[21]).

---

20 TCU, acórdão 7012/2012-Primeira Câmara, Relatora Ana Arraes, Sessão 13/11/2012

21 TCU, acórdão 3153/2011 – Plenário, Relator José Jorge, Sessão 30/11/2011

Nas palavras de Jacoby[22], *"Continua, porém, vedado o chamado "fracionamento da despesa", como tal entendida a conduta do administrador que, pretendendo definir a modalidade de licitação inferior à devida ou deixar de realizar a licitação – com fundamento no art. 24, incisos I e II – reduz o objeto para alcançar valor inferior e realiza várias licitações ou dispensas para o mesmo objeto".*

Essa intepretação encontra guarida legal nos §§ 2º e 5º do art. 23 da Lei 8.666/93, que assim dispõem:

> Art. 23. As modalidades de licitação a que se referem os incisos I a III do artigo anterior serão determinadas em função dos seguintes limites, tendo em vista o valor estimado da contratação:
>
> (...)
>
> § 2o Na execução de obras e serviços e nas compras de bens, parceladas nos termos do parágrafo anterior, a cada etapa ou conjunto de etapas da obra, serviço ou compra, há de corresponder licitação distinta, preservada a modalidade pertinente para a execução do objeto em licitação.
>
> (...)
>
> § 5o É vedada a utilização da modalidade «convite» ou «tomada de preços», conforme o caso, para parcelas de uma mesma obra ou serviço, ou ainda para obras e serviços da mesma natureza e no mesmo local que possam ser realizadas conjunta e concomitantemente, sempre que o somatório de seus valores caracterizar o caso de «tomada de preços» ou «concorrência», respectivamente, nos termos deste artigo, exceto para as parcelas de natureza específica que possam ser executadas por pessoas ou empresas de especialidade diversa daquela do executor da obra ou serviço.

Nas palavras de Marçal Justen Filho[23]:

---

22 JACOBY FERNANDES, J. U. Contratação direta sem licitação. 10. ed. rev. atual. ampl. Belo Horizonte: Fórum, 2016

23 JUSTEN FILHO, Marçal. Comentários a lei de licitações e contratos. 17ª ed. São Paulo: Revista dos Tribunais, 2016

Os §§ 2.º, in fine, e 5.º do art. 23 devem ser interpretados conjugadamente. Determinam que a pluralidade de licitações, embora acarretando a redução da dimensão do objeto licitado, não podem conduzir à modificação da modalidade de licitação. Seguindo o mesmo princípio, a Lei veda que o fracionamento produza dispensa de licitação fundada no preço inferior ao limite mínimo (art. 24, I e II).

Ainda conforme o mencionado autor, não existe proibição ao fracionamento pura e simples, o que se busca evitar é que o fracionamento ocorra com o objetivo de fuga à modalidade licitatória.

E mais, na consulta **acórdão nº 1540, de 2014**[24], o TCU respondeu que '*não constitui fracionamento de despesa a celebração e execução de mais de um convênio, em virtude de liberações de recursos orçamentários em períodos distintos para atendimento a emenda parlamentar. No caso de obras distintas e independentes, a cada convênio celebrado deve corresponder licitação na modalidade adequada ao montante dos recursos recebidos em cada ajuste, isto é, condizente com o valor do objeto que se pretende licitar em cada convênio.*'

No **Acórdão TCU 2090/2018**[25], houve aplicação de penalidade pois, "*No tocante ao **fracionamento da despesa** e o uso da modalidade indevida de licitação no Convite 35/2004 (item 204, letra 'c'), mais uma vez ficou evidenciada a conduta consciente da direção da CBTU/AL. Conforme relatado no item 26 da instrução à peça 6, a empresa adquiriu 2.249 sapatas de freios não metálicas, mediante os convites: 28/GELIC/04, de 1/12/2004, para aquisição de 1.000 sapatas, ao preço total de R$ 60.860,00; e 35/GELIC/04, de 2/12/2004, para aquisição de 1.250 sapatas, ao preço total de R$ 76.000,00. A **conduta**, (...) **deixa evidente o intuito de fugir à modalidade 'tomada de preços' e direcionar**

---

24 TCU, acórdão 1540/2014, Plenário. Rel. Min. Walton Alencar Rodrigues, Sessão 11/06/2014

25 TCU, acórdão 2090/2018, Plenário, Rel. Min. JOSÉ MÚCIO MONTEIRO, sessão em 05/09/2018

o certame para a empresa LOG, infringindo o disposto nos §§ 1º e 2º do art. 23 da Lei 8.666/1993". (grifamos)

São diversos os acórdãos do TCU que tratam da vedação do injustificado fracionamento de despesas (*v.g.*, **Acórdãos 1688/2008-Plenário**[26] **e 2087/2012-TCU-Primeira Câmara**[27]).

O Tribunal de Contras do Estado de Minas Gerais, ao analisar diversas contratações por dispensa de licitação de um mesmo objeto, num mesmo exercício financeiro, também vedou tal conduta, senão vejamos:

> *RECURSO ORDINÁRIO. DISPENSA DE LICITAÇÃO. IRREGULAR. MULTA. RAZÕES RECURSAIS INSUBSISTENTES. NEGADO PROVIMENTO. (...)*
>
> *2. O MONTANTE DE R$ 8.000,00 (OITO MIL REAIS) ESTABELECIDO NO INCISO II DO ART. 24 DA LEI N. 8.666, DE 1993, DEVE CORRESPONDER AO SOMATÓRIO DE TODOS OS VALORES DAS CONTRATAÇÕES DIRETAS REALIZADAS EM CADA ITEM SIMILAR NO EXERCÍCIO FINANCEIRO.*
>
> *3. AQUISIÇÕES DE PRODUTOS E CONTRATAÇÕES DE SERVIÇOS COM NATUREZA SEMELHANTE, DE FORMA DIRETA, QUE POSSAM SER REALIZADAS CONJUNTA E CONCOMITANTEMENTE E CUJOS VALORES GLOBAIS EXCEDAM, NO EXERCÍCIO FINANCEIRO, R$8.000,00 (OITO MIL REAIS), CARACTERIZAM FRACIONAMENTO DE CONTRATAÇÕES E DISPENSA INDEVIDA DE LICITAÇÃO.*
>
> *4. A ALEGAÇÃO DE INEXISTÊNCIA DE PREJUÍZO MATERIAL AO ERÁRIO NÃO TEM O CONDÃO DE ELIDIR A RESPONSABILIDADE DO GESTOR E, CONSEQUENTEMENTE, A MULTA QUE LHE FOI COMINADA.* [28](sem grifo no original)

---

26 TCU, acórdão 1688/2008-Plenário, Rel. Min. Ubiratan Aguiar, sessão em 13/08/2008

27 TCU, acórdão 2087/2012- 1ª Câmara, Rel. Min. Walton Alencar Rodrigues, sessão 17/04/2012

28 TCE/MG, Recurso Ordinário nº 977.629, Rel. Cons. GILBERTO DINIZ, pub. 10/10/2017.

O parâmetro do exercício financeiro está expressamente normatizado no Projeto de Lei nº 1292/95, no §1º do art. 75, ao dispor que '§ 1º Em relação ao valor, para fins de aferição de atendimento ao limite referido nos incisos I e II do caput, deve ser observado o somatório: I – do que for despendido no exercício financeiro pela *respectiva unidade gestora; II – da despesa realizada com objetos de mesma natureza, entendidos como tais aqueles relativos a contratações no mesmo ramo de atividade.*'.

Interessantíssima anotação a se fazer na disposição contida no inciso II acima transcrito na qual expressamente delimita critério objetivo para a atual divergência ao que se poderia entender por bens de mesma natureza.

É importante, também, distinguir o "fracionamento ilegal de despesa" do "parcelamento". Segundo Jacoby[29]:

> Pode acontecer, contudo, que ocorra o fracionamento da despesa ou o parcelamento. Fracionamento é o termo geralmente empregado para designar a compra ou contratação de serviços parcelados, com o objetivo de fugir à modalidade de licitação pertinente ou provocar a indébita dispensa de licitação, tanto na hipótese deste inciso, quanto na dos incisos I e II do mesmo art. 24. Já parcelamento é o nome legal utilizado para designar o dever da Administração de dividir a contratação pretendida com o objetivo de ampliar a competição.

Pondera-se também que eventuais prorrogações, segundo previsão contratual, devem ser consideradas para fins de cabimento da modalidade licitatória (**TCU, acórdão 1705, de 2003**[30], *'Abstenha-se de realizar sucessivas prorrogações de contratos quanto a extensão de vigência contratual faça extrapolar a modalidade licitatória sob a qual se realizou o certame'*).

---

29 JACOBY FERNANDES, J. U. Contratação direta sem licitação. 10. ed. rev. atual. ampl. Belo Horizonte: Fórum, 2016.

30 TCU, acórdão 1705/2003, Plenário. Rel. Min. Marcos Bemquerer. Sessão em 12/11/2003.

Mais recentemente, o TCE/MG também reforçou o mesmo entendimento (**Recurso Ordinário nº 838.879, de 2015**[31]).

A matéria encontra-se sumulada no TCE/MG, por meio do **enunciado nº 113**: '*O lapso temporal a ser considerado como parâmetro de definição da modalidade licitatória cabível às contratações relativas a parcelas de um mesmo objeto ou de objetos com natureza semelhante, cuja duração encontra-se regida pelo caput do art. 57 da Lei n.º 8.666/93, deverá corresponder ao próprio exercício financeiro, adotando-se, nesses casos, a modalidade licitatória compatível com o valor global das contratações, sendo vedado o fracionamento de despesas com vistas à dispensa de licitação ou à adoção de modalidade licitatória menos complexa do que a prevista em lei*'.

Portanto, os setores responsáveis por compras devem sempre manter o devido planejamento para que não corra o risco de haver penalizações aos gestores em razão do fracionamento irregular de despesas. Nesse sentido, confira ainda **acórdão nº 1973, de 2008, 1ª Câmara**.[32]

---

31 TCEMG, recurso ordinário nº 838879, Rel. Cons. Gilberto Diniz, Publicação em 01/07/2015.

32 TCU, acórdão 1973/2008-Primeira Câmara, Relator Guilherme Palmeira, Sessão 17/06/2008.

CAPÍTULO II – FASE DE INSTRUÇÃO PROCESSSUAL

4. AUSÊNCIA DE DESIGNAÇÃO DO FISCAL DO CONTRATO

De acordo com o art. 67 da Lei 8.666, de1993, *"A execução do contrato deverá ser acompanhada e fiscalizada por um representante da Administração especialmente designado, permitida a contratação de terceiros para assisti-lo e subsidiá-lo de informações pertinentes a essa atribuição"* (grifamos).

No mesmo sentido, com ampliação das disposições, poderíamos remeter ao art. 115 do Projeto de Lei nº 1292/95, com especial menção para o art. 7º do mesmo projeto, em que a designação do fiscal deverá ser por pessoas *'que possuam formação compatível ou qualificação atestada'*.

Atualmente, vale lembrar que o Decreto Estadual nº 46.559, de 2014, também exige que o fiscal seja pessoa com capacidade técnica para exercer sua competência, como se extrai do art. 10 e seus parágrafos.

A designação do(s) fiscal(is) do contrato, nos termos prescritos em lei, não é ato discricionário, e sim um instrumento de controle indispensável que a Administração exerce sobre o contratado, que proporcionará o adequado cumprimento do cronograma das obras e da sua execução em aderência aos padrões especificados no projeto (**TCU, Acórdão 2612/2015-Plenário**[33]).

A figura do fiscal do contrato é importantíssima, inclusive para o correto dimensionamento da matriz de responsabilidade, o TCU, no **acórdão 929/2019**, pelo Plenário[34], assentou *que 'a responsabilidade pelo débito por pagamento de serviços não executados, mas atestados, deve recair sobre os agentes que têm o dever de fiscalizar o*

---

33 TCU, acórdão 2612/2015-Plenário, Rel. Min. Benjamin Zymler, sessão em 21/10/2015.

34 TCU, acórdão 929/2019, Plenário, Rel. Min. Benjamin Zymler, sessão em 24/04/2019

contrato e atestar a execução das despesas, e não sobre a autoridade que ordenou o pagamento.'

DESIGNAÇÃO DO FISCAL DO CONTRATO	
ACÓRDÃO	**ENTENDIMENTO**
Acórdão TCU nº 2612/2015-Plenário	O art. 67 determina que o contrato seja acompanhado e fiscalizado por representante da administração que anotará, em registro próprio, todas as ocorrências pertinentes, mantendo os superiores devidamente informados. **A designação do(s) fiscal(is) do contrato, nos termos prescritos em lei, não é ato discricionário, e sim um instrumento de controle indispensável que a Administração exerce sobre o contratado,** que proporcionará o adequado cumprimento do cronograma das obras e da sua execução em aderência aos padrões especificados no projeto.
Acórdão TCU nº 1534/2009-Plenário	A Lei 8.666/1993 fala em representante da administração "especialmente designado", entendendo-se que, de fato, deva existir alguma indicação formal do servidor incumbido da fiscalização.
Acórdão TCU nº 2507/2011-Plenário	Nos contratos administrativos devem ser designados fiscais, com a responsabilidade de atestar a entrega de materiais e prestação de serviços, evitando-se a prática de atesto "à distância".

5. AUSÊNCIA DE JUSTIFICATIVA PARA PERMISSÃO DE ADESÃO DE CARONAS EM ATA DE REGISTRO DE PREÇOS

A previsão da possibilidade de adesão de órgãos e entidades não participantes (carona) em edital de Registro de Preços, segundo o TCU, é uma possibilidade anômala e excepcional, e não uma obrigatoriedade a constar necessariamente em todos os editais e contratos regidos pelo Sistema de Registro de Preços (**Acórdão 1.297/2015-Plenário**[35]).

---

35 TCU Acórdão 1.297/2015-Plenário. Rel. Min. Bruno Dantas. Sessão de 27/05/2015.

Conveniente anotar que o instituto do carona está expressamente previsto no §2º do art. 82 do Projeto de Lei nº 1292/95, encampando, em grande medida, as orientações jurisprudenciais do TCU sobre o tema.

A inserção de cláusula em edital licitatório prevendo a possibilidade de adesão a ata de registro de preços por órgãos ou entidades não participantes do planejamento da contratação ("carona") **exige justificativa específica**, lastreada em estudo técnico referente ao objeto licitado e devidamente registrada no documento de planejamento da contratação (**TCU, Acórdão 311/2018-Plenário**[36]).

A adesão à ata de registro de preços (carona) está condicionada, entre outros requisitos, à comprovação da adequação do objeto registrado às reais necessidades do órgão ou da entidade aderente e à vantagem do preço registrado em relação aos preços praticados no mercado onde o serviço será prestado (**TCU, Acórdão 2.877/2017-Plenário**[37]).

Ainda, segundo o **Acórdão TCU nº 1.823/2017**[38], a adesão à ata de registro de preços deve ser justificada pelo órgão ou entidade não participante mediante detalhamento das necessidades que pretende suprir por meio do contrato e demonstração da sua compatibilidade com o objeto discriminado na ata, não servindo a esse propósito a mera reprodução, parcial ou integral, do plano de trabalho do órgão gerenciador. A comprovação da vantagem da adesão deve estar evidenciada pelo confronto entre os preços unitários dos bens e serviços constantes da ata de registro de preços e referenciais válidos de mercado.

---

36 TCU, Acórdão 311/2018-Plenário. Rel. Min. Bruno Dantas. Sessão de 21/02/2018.

37 TCU, Acórdão 2.877/2017-Plenário. Rel. Min. Augusto Nardes. Sessão de 12/12/2017.

38 TCU, Acórdão 1.823/2017, Plenário. Rel. Min. Walton Alencar Rodrigues. Sessão de 23/08/2017.

Muito possivelmente com base nesses precedentes, a União, ao editar o Decreto nº 9.488, de 30 de agosto de 2018 (altera o Decreto nº 7.892, de 23 de janeiro de 2013 – dispõe sobre Sistema de Registro de Preços), estabeleceu a obrigatoriedade de a aceitação do carona ficar condicionada à realização de estudo, pelos órgãos e pelas entidades que não participaram do registro de preços, que demonstre o ganho de eficiência, a viabilidade e a economicidade para a administração pública federal da utilização da ata de registro de preços, conforme estabelecido em ato do Secretário de Gestão do Ministério do Planejamento, Desenvolvimento e Gestão (art. 22, §1º-A, Decreto 7.892, de 2013).

6. AUSÊNCIA DE JUSTIFICATIVA PARA ÍNDICE DE LIQUIDEZ

Segundo previsto no §5º do art. 31 da Lei 8.666, de 1993, a comprovação de boa situação financeira da empresa será realizada por meio de cálculos de índices contábeis, definidos de modo objetivo e devidamente justificados, sendo '*vedada a exigência de índices e valores não usualmente adotados para correta avaliação de situação financeira suficiente ao cumprimento das obrigações decorrentes da licitação*'.

Disposição similar encontramos no art. 67 Projeto de Lei nº 1292/95, com especial menção ao seu §5º[39].

É fundamental que todas as decisões, ainda que discricionárias, sejam objeto de motivada e idônea fundamentação para que a Administração expresse as razões para suas deliberações, recomenda-se, portanto, que haja justificativas para a adoção de determinados índices contábeis para verificação da boa saúde financeira da licitante, conforme exigido na lei.

---

39 Art. 67 § 5º É vedada a exigência de índices e valores não usualmente adotados para a avaliação de situação financeira suficiente ao cumprimento das obrigações decorrentes da licitação.

Como ponderado no **acórdão nº 932, de 2013, Plenário do TCU**[40], *'o fato de a lei não fixar o limite do índice a ser adotado não afasta a responsabilidade do gestor por sua definição, que não pode ser aleatória, nem depender de simples 'palpite' do administrador público'.*

Matéria sumulada no TCU, por meio do **enunciado nº 289**, *"A exigência de índices contábeis de capacidade financeira, a exemplo dos de liquidez, deve estar justificada no processo da licitação, conter parâmetros atualizados de mercado e atender às características do objeto licitado, sendo vedado o uso de índice cuja fórmula inclua rentabilidade ou lucratividade".*

Em Minas Gerais, não há normativo que indique índice ordinário e regular para uso, ao contrário, por exemplo, da União (art. 24 da Instrução Normativa nº 03 de 2018 – *"O instrumento convocatório deverá prever, também, que as empresas que apresentarem resultado igual ou menor que 1 (um), em qualquer dos índices referidos no art. 22 desta Instrução Normativa, quando da habilitação, deverão comprovar, considerados os riscos para a Administração, e, a critério da autoridade competente, o capital mínimo ou o patrimônio líquido mínimo, na forma dos §§ 2º e 3º, do art. 31 da Lei nº 8.666, de 1993, como exigência para sua habilitação, podendo, ainda, ser solicitada prestação de garantia na forma do § 1º do art. 56 da Lei nº 8.666, de 1993, para fins de contratação."*).

O TCE/MG, **na denúncia nº 932327**[41], entendeu que *"2. OS ÍNDICES CONTÁBEIS DEVEM SER INDICADOS E DEVIDAMENTE JUSTIFICADOS NO PROCESSO ADMINISTRATIVO DA LICITAÇÃO, COMO DETERMINA O ART. 31, § 5º DA LEI 8.666/93."*, em especial, entendeu irre-

---

40 TCU, acórdão 932/2013, Plenário. Rel. Min. Ana Arraes, sessão em 17/04/2013

41 TCEMG, denúncia 951349, Rel. Cons. Wanderley Ávila. Pub. em 22/08/2017

gular a indicação de índices não usuais (**Denúncia 1024385**[42] – *"EXIGÊNCIA DE ÍNDICES CONTÁBEIS NÃO USUAIS PARA A AVALIAÇÃO ECONÔMICO-FINANCEIRA DOS LICITANTES, COMPROMETENDO A COMPETITIVIDADE DO CERTAME."*)

Como regra geral, segundo decisão na **denúncia nº 951349**[43], de relatoria do Conselheiro Wanderley Ávila, em 2017: "5.*Cabe à Administração Pública, ao analisar o correspondente mercado e as características do objeto a ser contratado, fazer a opção pelo índice e pelo valor considerado mais adequado para a correta avaliação da situação financeira da futura contratada, no que for necessário ao cumprimento das obrigações decorrentes, apresentando as justificativas para o índice adotado nos autos do processo licitatório. (Acórdão 2135/2013 do TCU- Plenário)"*

ACÓRDÃO	ENTENDIMENTO
TCE/MG, Denúncia nº 1024385/2019	EXIGÊNCIA DE ÍNDICES CONTÁBEIS NÃO USUAIS PARA A AVALIAÇÃO ECONÔMICO-FINANCEIRA DOS LICITANTES, COMPROMETENDO A COMPETITIVIDADE DO CERTAME.
TCE/MG, Denúncia nº 951349/2017	5. CABE À ADMINISTRAÇÃO PÚBLICA, AO ANALISAR O CORRESPONDENTE MERCADO E AS CARACTERÍSTICAS DO OBJETO A SER CONTRATADO, FAZER A OPÇÃO PELO ÍNDICE E PELO VALOR CONSIDERADO MAIS ADEQUADO PARA A CORRETA AVALIAÇÃO DA SITUAÇÃO FINANCEIRA DA FUTURA CONTRATADA, NO QUE FOR NECESSÁRIO AO CUMPRIMENTO DAS OBRIGAÇÕES DECORRENTES, APRESENTANDO AS JUSTIFICATIVAS PARA O ÍNDICE ADOTADO NOS AUTOS DO PROCESSO LICITATÓRIO. (ACÓRDÃO 2135/2013 DO TCU- PLENÁRIO)

---

42 TCEMG, denúncia 1024385, Rel. Cons. Wanderley Ávila. Pub em 04/06/2019

43 TCEMG, denúncia 951349, Rel. Cons. Wanderley Ávila. Pub. Em 20/09/2017

7. PARA FORNECIMENTO DE BENS COM ENTREGA IMEDIATA E INTEGRAL, É DISPENSÁVEL MINUTA CONTRATUAL, CASO NÃO EXISTAM OBRIGAÇÕES FUTURAS

Não se pode olvidar que *"a formalização dos contratos administrativos é indispensável, pois visa assegurar, dentre outras coisas, o exercício da fiscalização sobre o cumprimento de dispositivos legais"* (TCU, acórdão nº 2840, de 2011, Plenário[44]), todavia, conforme posição majoritária, *"é possível a formalização de contratação de fornecimento de bens para entrega imediata e integral, da qual não resulte obrigações futuras, por meio de nota de empenho, independentemente do valor ou da modalidade licitatória adotada, nos termos do art. 62, § 4º, da Lei 8.666/1993 e à luz dos princípios da eficiência e da racionalidade administrativa. Entende-se por "entrega imediata" aquela que ocorrer em até trinta dias a partir do pedido formal de fornecimento feito pela Administração, que deve ocorrer por meio da emissão da nota de empenho, desde que a proposta esteja válida na ocasião da solicitação".* (TCU, acórdão nº 1234, de 2018[45]).

Entrega imediata é interpretada segundo o §4º do art. 40 da Lei 8666, de 1993 (*nas compras para entrega imediata, assim entendidas aquelas com prazo de entrega até trinta dias da data prevista para apresentação da proposta*).

Ressalta-se também que, nas pequenas compras de pronto pagamento, excepcionalmente é permitido a não instrumentalização da relação jurídica por contrato, nos termos do parágrafo único do art. 60 da Lei 8666, de 1993.

---

44 TCU, acórdão nº 2840, de 2011, Plenário. Rel. Min. José Jorge, sessão em 25/10/2011.

45 TCU, acórdão nº 1234, de 2018, Rel. Min. José Mucio Monteiro. Sessão em 30/05/2018

No Projeto de Lei nº 1292/95, encontramos disposição semelhante no art. 93, com as hipóteses de dispensa do instrumento contratual nas compras de baixo valor e naquelas com entrega imediata e integral sem obrigações futuras.

Aliás, vale mencionar que, no art. 68, há disposição dispensando, inclusive, diversas exigências de habilitação nas compras de baixo valor.

ACÓRDÃO	ENTENDIMENTO
TCU, acórdão 1234/2018 – Plenário	9.1.1 há possibilidade jurídica de formalização de contratação de fornecimento de bens para entrega imediata e integral, da qual não resulte obrigações futuras, por meio de nota de empenho, independentemente do valor ou da modalidade licitatória adotada, nos termos do § 4º do art. 62 da Lei 8.666/1993 e à luz dos princípios da eficiência e da racionalidade administrativa que regem as contratações públicas; 9.1.2 a "entrega imediata" referida no art. 62, § 4º, da Lei 8.666/1993 deve ser entendida como aquela que ocorrer em até trinta dias a partir do pedido formal de fornecimento feito pela Administração, que deve ocorrer por meio da emissão da nota de empenho, desde que a proposta esteja válida na ocasião da solicitação.

8. AUSÊNCIA DE MOTIVAÇÃO IDÔNEA PARA AS EXIGÊNCIAS E ESPECIFICAÇÕES TÉCNICAS CONSTANTES DO TERMO DE REFERÊNCIA OU DO EDITAL

A necessidade real e efetiva é o pressuposto de validade para todas as exigências e especificações técnicas constantes do termo de referência que, portanto, deverão ser eleitas considerando a necessidade e a adequação ao objeto licitado; dependendo, sempre, da devida fundamentação técnica.

O Projeto de Lei nº 1292/95, no seu art. 5º, expressamente insere a motivação no rol de princípios obrigatórios a serem observados pela Administração.

Nesse diapasão, as definições dos prazos, das condições, das exigências e das especificações técnicas não deverão ser aleatórias, mas deverão seguir as expectativas razoáveis de orientação da aquisição do objeto pelo mercado. Especial atenção para os prazos de entrega, de garantia, bem como as exigências de habilitação que deverão estar adequadas às demais condições do mercado, visando ao atendimento da necessidade real e efetiva da Administração Pública e da ampliação da competividade (**súmula nº 177 e acórdão 1861/2012 do TCU**[46] **e nos arts.** 3º, § 1º, inciso I, e 15, § 7º, inciso I, da Lei nº 8.666/1993).

Exigências muito fixas ou especificações exageradas que não sejam indispensáveis para boa execução do contrato e para o atendimento da necessidade pública, podem ensejar a restrição injustificada da competitividade e deverão ser excluídas (art. 3º, §1º, inc. I, art. 7º, § 5; art. 15, § 7º, inciso I, da Lei nº 8.666, de 1993).

Nas palavras de Adilson Abreu Dalari[47], deve-se sempre manter a proporcionalidade na hora se fixar requisitos técnicos, pois o '*exagero*' na qualificação técnica e financeira repele participantes.

"*2. Pelo procedimento licitatório, a administração pública visa selecionar a proposta mais vantajosa para entabular contrato de seu interesse. Esse é o fim essencial da licitação: Buscar a melhor proposta para a satisfação do interesse público. Para tanto, é necessário permitir (e fomentar) a competição entre os interessados, advindo daí o descabimento da inclusão, em edital, de exigências desnecessárias à efetivação/execução do objeto licitado, sob pena de restringir a concorrência e, com isso, diminuir a possibilidade de a administração pública ter acesso à*

---

46 TCU acórdão 1861/2012. Rel. Min. Augusto Sherman. Sessão de 18/07/2012.

47 DALLARI, Adilson Abreu. Aspectos jurídicos da licitação. 7ª ed. São Paulo: Saraiva, 2006. p.128.

melhor proposta. Sentença confirmada em reexame necessário." (TJRS; RN 134369-33.2014.8.21.7000; Caçapava do Sul; Segunda Câmara Cível; Rel. Des. Ricardo Torres Hermann; Julg. 11/06/2014; DJERS 20/06/2014)

ACÓRDÃO	ENTENDIMENTO
TCU, acórdão 445/2014-Plenário	*"13. Da leitura do referido dispositivo legal, extrai-se a compreensão de que as exigências inseridas no edital devem ser proporcionais ao fim que se busca atingir com a realização da licitação. Mais precisamente, os atributos técnicos exigidos na disputa têm que ser absolutamente relevantes, isto é, pertinentes para o específico objeto que se intenta contratar. O problema, portanto, não está em restringir, mas sim na justifica que se apresenta para a restrição."*
TCU, acórdão 2441/2017-Plenário	Cláusulas com potencial de restringir o caráter competitivo do certame devem ser objeto de adequada fundamentação, baseada em estudos prévios à licitação que indiquem a obrigatoriedade de inclusão de tais regras para atender às necessidades específicas do órgão, sejam de ordem técnica ou econômica.

9. INDICACAÇÃO DE MARCA SEM FUNDAMENTAÇÃO IDÔNEA

Segundo o princípio da isonomia, é indispensável que seja garantido, no bojo do procedimento licitatório, o tratamento igualitário aos licitantes[48], sendo vedado incluir qualquer condição ou regra que frustre o caráter competitivo do certame (art. 3º, § 1º, da Lei 8.666, de 1993). Portanto, em regra, a indicação de marca é vedada pela lei, salvo nos casos em que tal situação seja tecnicamente justificável (art. 7º, § 5º, da Lei 8.666, de 1993).

---

48 CARVALHO, Matheus. *Manual de direito administrativo.* 4 ed. Salvador: Juspodivm, 2017.p. 446.

No Projeto de Lei nº 1292/95, no §4º do art. 40[49], há melhor densificação normativa do instituto, encampando, em grande medida, as orientações atuais do TCU sobre o instituto.

Nos casos em que a real e efetiva necessidade da Administração Pública determinar a obrigatoriedade de indicação de marca, como meio adequado para sua satisfação, deverá constar expressamente nos autos (TCU, **acórdão nº 4476, de 2016 – 2ª Câmara**[50]) elementos que *'demonstrem ser aquela marca específica a única capaz de satisfazer o interesse público'*. (**TCU, acórdão nº 559, de 2017-Plenário**[51]), observando o §5º do art. 7º da Lei 8.666, de 1993. No mesmo sentido, **TCU, 2ª Câmara, acórdão nº 2206, de 2014**[52].

No mesmo sentido, o **TCE/MG, na denúncia nº 898408**[53], de lavra do relator Conselheiro Wanderley Ávila, na qual aduziu que *"1. A vedação à indicação de marca é uma regra derivada da Constituição, que estabelece igualdade de condições (princípio da isonomia) como um dos princípios da licitação, e está insculpida no art. 3º, § 1º, inciso I, da Lei 8.666/1993, que veda a restrição ao caráter*

---

49 *Art. 40 § 4º No caso de licitação que envolva o fornecimento de bens, a Administração poderá excepcionalmente: I – indicar uma ou mais marcas ou modelos, desde que formalmente justificado, nas seguintes hipóteses: a) em decorrência da necessidade de padronização do objeto; b) em razão da necessidade de manter a compatibilidade com plataformas e padrões já adotados pela Administração; c) quando determinada marca ou modelo comercializado por mais de um fornecedor for o único capaz de atender às necessidades da contratante; d) quando a descrição do objeto a ser licitado puder ser mais bem compreendida pela identificação de determinada marca ou modelo aptos a servir apenas como referência;*

50 TCU, acórdão nº 4476, de 2016 – 2ª Câmara. Rel. Min. Ana Arraes. Sessão de 12/04/2016.

51 TCU, acórdão nº 559/ 2017-Plenário. Rel. Min. Benjamin Zymler. Sessão de 29/03/2017.

52 TCU, acórdão nº 2206/ 2014, 2ª Câmara. Rel. Min. Ana Arraes. Sessão de 20/05/2014.

53 TCE/MG, denúncia 898408, Rel. Cons. Wanderley Ávila. Pub. Em 17/09/2018.

competitivo do certame. Tal indicação somente é admissível quando for técnica e economicamente justificada com parâmetros objetivos".

Deve-se evitar a exigência de marca como modo de escolha do produto ou do serviço por questões de mera qualidade, porque *"a licitação não tem por objetivo, necessariamente, a escolha do produto ou do serviço de melhor qualidade disponibilizado no mercado."* (TCU, **acórdão nº 559, de 2017-Plenário**[54]), ou mesmo por razões de custo do produto (TCU, **acórdão nº 39, de 2008, 2ª Câmara**[55]).

A definição de marca sem justificativa técnica contraria arts. 3º, caput e § 1º, 7º, § 5º, 15, § 7º, inciso I, e 25, inciso I, da Lei 8.666, de 1993, e o enunciado nº 270 da súmula do TCU.

O §2º do art. 9º do Decreto Estadual nº 46.311, de 2013, também contém disposições sobre a matéria.

Igualmente vedada, sem a devida motivação técnica, a especificação indireta de marca por meio do *'o estabelecimento de especificações técnicas idênticas às ofertadas por determinado fabricante, da que resultou a exclusão de todas as outras marcas do bem pretendido'* (TCU, **acórdão nº 1861, de 2012, 1ª Câmara**[56])

"Permite-se menção à marca de referência no edital, como forma ou parâmetro de qualidade para facilitar a descrição do objeto, caso em que se deve necessariamente acrescentar expressões do tipo "ou equivalente", "ou similar", "ou de melhor qualidade", podendo a Administração exigir que a empresa participante do certame demonstre desempenho, qualidade e produtividade compatíveis com a marca de referência mencionada" (TCU, **acórdão nº 113, de 2016 – Plenário**[57]). Como

---

54 TCU, acórdão nº 559, de 2017-Plenário. Rel. Min. Benjamin Zymler. Sessão de 29/03/2017

55 TCU, acórdão nº 39, de 2008, 2ª Câmara. Rel. Min. Aroldo Cedraz. Sessão de 29/01/2008

56 TCU, acórdão nº 1861, de 2012, 1ª Câmara. Rel. Min. José Mucio Monteiro. Sessão de 10/04/2012

57 TCU, acórdão nº 113, de 2016 – Plenário. Rel. Min. Bruno Dantas. Sessão de 27/01/2016

mencionado, é possível a utilização de marca de referência derivada da '*necessidade de caracterizar/descrever de forma adequada, sucinta e clara o objeto da licitação... A diferença básica entre os dois institutos é que o primeiro (excepcionado pelo art. 7º, § 5º, da Lei 8.666/1993) admite a realização de licitação de objeto sem similaridade, nos casos em que for tecnicamente justificável, ao passo que o segundo é empregado meramente como forma de melhor identificar o objeto da licitação, impondo-se a aceitação de objeto similar à marca de referência mencionada.*' (**TCU, acórdão nº 2829, de 2015 – Plenário**[58]).

Mais recentemente, o TCU se manifestou no sentido de considerar como *"erro grosseiro"* o direcionamento de licitação para marca específica sem a devida justificativa técnica (**TCU, Acórdão 1264/2019, Plenário**[59]).

ACÓRDÃO	ENTENDIMENTO
TCU, acórdão nº 559/2017 – Plenário	A indicação ou a preferência por marca só é admissível se restar comprovado que a escolha é a mais vantajosa e a única que atende às necessidades da Administração. A licitação não tem por objetivo, necessariamente, a escolha do produto ou do serviço de melhor qualidade disponibilizado no mercado.
TCU, acórdão nº 113/2016 – Plenário	9.2. com fulcro no art. 71, inciso IX, da Constituição Federal de 1988, c/c art. 45, caput, da Lei 8.443/1992, assinar prazo de 15 (quinze) dias para que o Departamento de Logística em Saúde do Ministério da Saúde adote as providências necessárias no sentido de, exclusivamente em relação ao item 17 do pregão eletrônico SRP 12/2015, anular o procedimento licitatório, a ata de registro de preço e eventuais contratos, em razão de cláusula restritiva ao caráter competitivo do certame, evidenciada pela indicação de marcas específicas sem a correspondente justificativa técnica, contrariando os arts. 3º, caput e § 1º, 7º, § 5º, 15, § 7º, inciso I, e 25, inciso I, da Lei 8.666/1993, o Enunciado 270 da Súmula de Jurisprudência do TCU e a jurisprudência do TCU (representada, por exemplo, pelo Acórdão 2.829/2015-TCU-Plenário), informando a esta Corte, no mesmo prazo, as medidas adotadas;

---

58 TCU, acórdão nº 2829, de 2015 – Plenário. Rel. Min. Bruno Dantas. Sessão de 04/11/2015

59 TCU, Acórdão 1264/2019, Plenário. Rel. Min. Augusto Nardes. Sessão de 05/06/2019

10. AUSÊNCIA DE ORÇAMENTO ESTIMADO EM PLANILHAS NOS AUTOS DA FASE INTERNA DO PREGÃO - DESNECESSIDADE DE PUBLICAÇÃO DOS ORÇAMENTOS

De acordo com o que dispõe o art. 7º, § 2º, II, da Lei 8.666/93, as obras e serviços somente podem ser licitados quando existir orçamento detalhado em planilhas que expressem a composição de todos os seus custos unitários. Ainda, segundo o art. 40, X, da mesma lei, o edital deve conter o critério de aceitabilidade dos preços unitário e global (**TCE/MG, Denúncia nº 969645**[60]).

Como não poderia deixar de ser, disposições semelhantes presentes no Projeto de Lei nº 1292/95, em especial alínea 'f' do inc. XXV do art. 6º, inc. IV do art. 18.

Segundo posição maciça da jurisprudência, "*1. A pesquisa de preço, na forma prevista no inciso IV do art. 43 da Lei 8.666/93, é instrumento necessário para demonstrar a lisura dos atos administrativos na fase interna do procedimento licitatório. É, ainda, por meio dela que se dará o embasamento da estimativa da contratação, principalmente para o julgamento da viabilidade dos valores ofertados pelos licitantes, em respeito aos princípios da economicidade e eficiência.*"[61]

A necessidade de detalhamento dos custos unitários: (i) viabiliza noção dos licitantes acerca da dimensão do serviço a ser licitado (o que pode implicar a aceitação de proposta mais vantajosa); (ii) possibilita que a Administração tenha condições e parâmetros para avaliar as propostas (julgamento da

---

60 TCEMG, Denúncia 969645, Rel. Cons. WANDERLEY ÁVILA, pub. em 01/03/2017

61 TCEMG, Recursos Ordinários 1040714 e 1040780, Rel. Cons. WANDERLEY ÁVILA, pub em 13/12/2018

aceitabilidade); (iii) quando houver a necessidade de acréscimo ou supressão em termos aditivos em determinado item, será conhecida sua dimensão para efeitos de cálculo dos 25% sobre o item individual e também em relação ao valor global; (iv) assegura a seriedade do planejamento administrativo; (v) permite o acompanhamento parametrizado da execução contratual, bem como o exercício de eventual controle interno ou externo.

Na **modalidade pregão**, contudo, os tribunais de contas têm dispensado (**motivadamente**) a publicação dos valores unitários e global **como elemento do edital (Acórdão TCU nº 2547/2015, Plenário**[62]**)**. Não se desobriga, contudo, que a especificação dos valores unitários e global constem dos autos do procedimento licitatório pela modalidade pregão (**TCE/MG, Denúncia 912245/2018**[63]).

Ainda de acordo com o TCE/MG, *"Cabe à Administração na fase interna do certame na modalidade pregão a elaboração da planilha estimada de preços unitários e global, com base em pesquisa de preços ou cotação de preços junto aos fornecedores que atuam no mercado, de forma a definir com precisão e clareza o objeto, a quantidade e o valor da licitação"* (**Denúncia nº 898621/2018**[64]) (grifamos).

Atente-se para o fato de que, na fase de negociação posterior à disputa de lances em pregão sob a modelagem de adjudicação por preço global de grupo de itens, é irregular a aceitação pelo pregoeiro de item com preço unitário superior àquele definido na etapa de lances, ainda que o valor total do respectivo grupo tenha sido reduzido (**Acórdão TCU nº 1872/2018, Plenário**[65]).

---

62 TCU, Acórdão 2547/2015, Plenário. Rel. Min. Raimundo Coelho, sessão 14/10/2015.

63 TCE/MG, Denúncia 912245/218, Rel. Cons. Subs. HAMILTON COELHO, pub. 20/07/2018.

64 TCE/MG, Denúncia Nº 898621/218, Rel. Cons. MAURI TORRES, pub. 29/08/2018.

65 TCU, Acórdão 187/2018, Plenário. Rel. Min. VITAL DO REGO, sessão de 15/08/2018.

ACÓRDÃO	ENTENDIMENTO
Denúncia TCE/MG nº 959.001/2018	A ausência do orçamento estimado em planilhas, como parte integrante do Termo de Referência, anexo ao edital, poderá ser suprida, na modalidade licitatória pregão, pela **sua apresentação na fase interna do procedimento**, conforme entendimento jurisprudencial sedimentado.
Acórdão TCU nº 2166/2014	Na modalidade pregão, o orçamento estimado não constitui elemento obrigatório do edital, **devendo, contudo, estar inserido no processo relativo ao certame.** Todavia, sempre que o preço de referência for utilizado como critério de aceitabilidade da proposta, a sua divulgação no edital é obrigatória, nos termos do art. 40, inciso X, da Lei 8.666/1993.
TCE/MG, denúncia nº 912245/2018	Na modalidade pregão, é facultativa a indicação do preço máximo de referência no instrumento convocatório, sendo obrigatória, contudo, a juntada de orçamento estimado em planilhas aos autos da fase interna do procedimento.

11. PREGÃO: EXPRESSO ATESTE DE QUE OS BENS OU SERVIÇOS POSSUAM NATUREZA COMÚM

O Pregão é modalidade de licitação instituída pela lei federal 10.520, de 2002, restrita à contratação de bens e serviços comuns, conceituados esses como *"aqueles cujos padrões de desempenho e qualidade possam ser objetivamente definidos pelo edital, por meio de especificações usuais no mercado"* (parágrafo único do art. 1º).

Essa disposição é repetida no art. 28 do Projeto de Lei nº 1292/95.

É muito comum o encaminhamento dos procedimentos licitatórios, na modalidade pregão, sem a manifestação da área demandante acerca da caracterização dos bens ou serviços como sendo comuns. É indispensável que haja manifestação motivada da área técnica a respeito do mencionado enquadramento.

A caracterização do objeto como bem comum cabe exclusivamente à área técnica demandante, em tese, conhecedora e entendedora do objeto a ser contratado, desde que a especificação dos bens ou serviços a serem licitados '*não demandem significativas exigências técnicas, nem difíceis buscas no mercado, seja do objeto, seja do universo de fornecedores*'[66].

Segundo **orientação normativa da AGU n.º 54, de 25 de abril de 2014**, "*compete ao agente ou setor técnico da Administração declarar que o objeto licitatório é de natureza comum para efeito de utilização da modalidade pregão e definir se o objeto corresponde a obra ou serviço de engenharia, sendo atribuição do órgão jurídico analisar o devido enquadramento da modalidade licitatória aplicável*"

Nesse contexto, é importante ressaltar que não compete ao setor ou órgão de Assessoramento Jurídico avaliar a adequação ou não dos bens ou serviços como sendo comuns, nos termos do **Acórdão TCU nº. 817/2005**[67], que assim decidiu: "*a existência de bens e serviços comuns deverá ser avaliada pelo administrador no caso concreto, mediante a existência de circunstâncias objetivas constantes da fase interna do procedimento licitatório*".

12. DEFICIÊNCIA NA PESQUISA DE PREÇOS

A legislação sobre licitações exige que as compras públicas sejam precedidas de ampla pesquisa de mercado. A necessidade da coleta satisfatória de preços converge com o princípio da seleção da proposta mais vantajosa (ou princípio do justo preço), expressamente previsto no art. 3º da Lei 8.666, de 1993.

---

66 SANTANA, JAIR EDUARDO. Pregão Presencial e Eletrônico – Sistema de Registro de Preços. 4º ed. Ed. Fórum, Belo Horizonte, 2014 – p. 75.

67 TCU, Acórdão 817/2005, Primeira Câmara, Rel. Min. VALMIR CAMPELO, sessão 03/05/2005.

Uma adequada pesquisa de preços, além de servir à análise da razoabilidade da proposta dos licitantes, permite a correta estimativa do custo do objeto a ser adquirido em planilhas de quantitativos e preços unitários, define os recursos orçamentários suficientes para a cobertura das despesas contratuais, conforme dispõem os arts. 7°, § 2°; II; 15, V e § 1°; 40, § 2°, II; 43, incisos IV e V, todos da Lei 8.666/1993[68].

À propósito, no Projeto de Lei n° 1292/95, o rigor é incrementado, com diversas referências sobre a responsabilização do agente público. Especial menção ao §3° do art. 123, alusiva ao comum caso de extrapolação dos limites para alterações em caso de erro grosseiro no orçamento.

Para o TCE mineiro, *"a ampla pesquisa de preços é procedimento obrigatório e prévio à realização de procedimentos licitatórios, pois, além de ser a base para verificação da existência de recursos orçamentários suficientes para pagamento de tais despesas, é o balizador objetivo para o julgamento das ofertas apresentadas e o primeiro procedimento de proteção ao erário público"* (**Denúncia n° 911.748/2018**[69]).

A pesquisa de preços para elaboração do orçamento estimativo da licitação não deve se restringir a cotações realizadas junto a potenciais fornecedores, devendo ser utilizadas outras fontes como parâmetro, a exemplo de contratações públicas similares, sistemas referenciais de preços disponíveis, pesquisas na internet em sítios especializados e contratos anteriores do próprio órgão (**Acórdão TCU 1548/2018**[70]).

Especificamente no que tange à **aquisição de medicamentos**, o TCU possui o entendimento de que a realização de pesquisa

---

68 Parecer Normativo n° 02/2012/GT359/DEPCONSU/PGF/AGU

69 TCE/MG, Denúncia 911748, Rel. Cons. WANDERLEY ÁVILA, pub. 11/09/2018.

70 TCU, Acórdão 1548/2018, Plenário, Rel. Min. AUGUSTO NARDES, sessão de 04/07/2018.

de preços devem balizar-se, também, pelos preços praticados no âmbito dos órgãos e entidades da Administração Pública, os quais, no caso de medicamentos e correlatos, estão disponíveis no Banco de Preços em Saúde (BPS), do Ministério da Saúde, entre outros bancos de dados (**TCU, Acórdão 247/2017, Plenário**[71]).

No âmbito da União, a Instrução Normativa nº 05, de 27 de junho de 2014 (dispõe sobre o procedimento administrativo para a pesquisa de preços), da SLTI/MPOG prioriza a utilização dos seguintes parâmetros: Painel de Preços Públicos (http://paineldeprecos.planejamento.gov.br) e as contratações similares de outros entes públicos, conforme dispõe o seu art. 2º, § 1º.

No Estado de Minas Gerais, a Resolução Conjunta SEPLAG/ CGE nº 9.447, de 15 de dezembro de 2015, dispõe sobre a pesquisa de preços. A norma prevê que, independentemente do parâmetro que se utilize (banco de preços próprio – Módulo Melhores Preços – ou de outra entidade pública, atas e contratações similares de outros entes públicos, pesquisa com fornecedores etc.), a pesquisa de preços deverá contemplar pelo menos 03 (três) preços para cada item de material ou serviço, sendo admitidos menos de 03 (três) orçamentos mediante justificativa da área técnica.

Acerca da necessidade de haver 03 (três) cotações, o TCU[72] já entendeu que, "*No caso de não ser possível obter preços referenciais nos sistemas oficiais para a estimativa de custos em processos licitatórios, deve ser realizada pesquisa de preços contendo o mínimo de três cotações de empresas/fornecedores distintos, fazendo constar do respectivo processo a documentação comprobatória pertinente aos levantamentos e estudos que fundamentaram o preço estimado. Caso não seja possível obter esse número de cotações, deve ser elaborada justificativa circunstanciada*".

---

71 TCU, Acórdão 247/2017, Plenário, Rel. Min. WALTON ALENCAR RODRIGUES, sessão de 15/02/2017.

72 TCU, Acórdão 2531/2011, Plenário, Rel. Min. JOSÉ JORGE, sessão de 21/09/2011.

Mesmo na realização de uma licitação para aquisição de diversos itens, é indispensável que existam 3 (três) cotações para cada um deles.[73]

É sempre bom ressaltar que o servidor público responsável pela pesquisa de preços deve sempre buscar o maior número de possível de parâmetros de pesquisa, elegendo aqueles que mais se adequam ao objeto e melhor representem sua expressão mercadológica.

Lembramos, ainda, conforme enunciado que se extrai do **Acórdão TCU nº 1002/2015, Plenário**[74], que *"a falta ou realização da pesquisa de preços prévia junto a poucas empresas, com manifesta diferença nos valores dos orçamentos apresentados, não se mostra suficiente para justificar o valor do orçamento estimativo da contratação, pois impede a Administração contratante de aferir a vantajosidade real da contratação e os potenciais interessados de cotarem adequadamente suas propostas"*.

Ainda, de acordo com o **TCE/MG (Denúncia 898621/2018**[75]**)**, *"A pesquisa de preços com apresentação de três orçamentos nem sempre é suficiente para demonstrar o preço médio de determinado item ou serviço no mercado, devendo o gestor responsável ampliar a consulta à quantidade significativa de fornecedores e valer-se também de preços registrados em procedimento licitatórios recentes de outros entes, de modo a ampliar e tornar mais representativa a pesquisa de mercado"*.

O mais importante que se exige do gestor é que os valores estimados estejam o mais próximo possível compatíveis com a prática de mercado, devendo, para tanto, socorrer-se do maior número de parâmetros de pesquisa disponíveis e pertinentes ao objeto licitado.

---

73 DI PIETRO, Maria Sylvia Zanella. et alii. Temas polêmicos sobre licitações e contratos. 5ª ed. São Paulo: Malheiros, 2006.

74 TCU, Acórdão nº 1002/2015, Plenário, Rel. Min. BENAJMIN ZYMLER, sessão do dia 29/04/2015.

75 TCE/MG, Denúncia nº 898621/218, Rel. Cons. MAURI TORRES, pub. 29/08/2018.

13. JUNTADA DOS ORÇAMENTOS QUE COMPÕEM O PREÇO DE REFERÊNCIA

Nada obstante, a necessidade de ampla realização de pesquisa de preços para aferir se o valor de referência (ou da contratação direta) está de acordo com aqueles praticados no mercado, também se mostra imprescindível que os documentos comprobatórios da pesquisa sejam juntados aos autos. Essa prática se mostra indispensável não só em razão dos princípios da motivação e impessoalidade, mas também para permitir eventual e futura auditoria do valor referencial, seja por órgão de controle interno ou externo.

O princípio da publicidade impõe a transparência na atividade administrativa, a fim de permitir aos administrados a conferência se ela está sendo bem ou malconduzida (Mello, 2012)[76].Nesse sentido, o TCU já se manifestou diversas vezes no sentido de que a documentação referente às propostas deve constar na instrução processual (*v. g.*, **Acórdãos nº 600/2015-Plenário**[77]; **3280/2011-Plenário**[78]; **2531/2011-Plenário**[79]).

Vejamos, também, julgado do TCE/MG:

> "PROCESSO DE CONTRATAÇÃO PÚBLICA – ESTIMATIVA DO CUSTO DO OBJETO E INDICAÇÃO DO CRITÉRIO DE ACEITABILIDADE DOS PREÇOS – IMPRESCINDIBILIDADE

---

76 MELLO, Celso Antônio Bandeira de. *Curso de direito administrativo.* 30ª ed. São Paulo: Malheiros, 2012.p. 88.

77 TCU, Acórdão nº 600/2015, Rel. Min. RAIMUNDO CARNEIRO, sessão do dia 25/03/2015.

78 TCU, Acórdão nº 3280/2011, Rel. Min. WALTON ALENCAR RODRIGUES, sessão do dia 07/12/2011.

79 TCU, Acórdão 2531/2011, Plenário, Rel. Min. JOSÉ JORGE, sessão do dia 21/09/2011.

DE PESQUISA DE PREÇOS – A PESQUISA DEVE BASEAR-SE EM INSTRUMENTO(S) DE RECONHECIDA IDONEIDADE – CONTRATAÇÃO DE EMPRESA ESPECIALIZADA EM BANCO DE PREÇOS – POSSIBILIDADE, DESDE QUE OBEDECIDAS TODAS AS NORMAS APLICÁVEIS SOBRE ORÇAMENTO, FINANÇAS E CONTRATAÇÃO PÚBLICA – NECESSIDADE DE DOCUMENTAÇÃO DA PESQUISA NOS AUTOS. a) Na contratação pública, com ou sem certame licitatório, é imprescindível a pesquisa de preços; b) A pesquisa de preços deve basear-se em instrumento – ou instrumentos – de reconhecida idoneidade para evidenciar os preços que estão sendo efetivamente praticados no mercado; c) Banco de preços mantido por prestador de serviços especializados constitui, em princípio, instrumento idôneo para a pesquisa de preços na contratação pública; d) O agente público responsável pela contratação deve avaliar os instrumentos idôneos disponíveis para a pesquisa de mercado, a fim de selecionar qual deles – ou qual conjunto deles – é o mais adequado, no caso concreto; e) **A pesquisa de preços deve ser documentada nos autos do processo de contratação pública, até mesmo para viabilizar o exercício dos controles interno e externo;** f) Na contratação, pelo Poder Público, de prestador de serviços especializados de banco de preços, devem ser obedecidas todas as normas aplicáveis sobre orçamento, finanças e contratação pública, particularmente as da Lei n. 8.666, de 1993." [80]

Não obstante a discussão sobre o sigilo no orçamento, no qual encontramos posições favoráveis no TCU[81], mas cuja celeuma

---

80 TCE/MG, Consulta 924244, Rel. Cons. Gilberto Diniz. Publ. Em 02/10/2014.

81 O TCU, no acórdão nº 2080/2012, Plenário, admitiu a possibilidade de o orçamento se manter sigiloso até o encerramento da fase de lances. Anotamos também a recente decisão do TCU, no acórdão nº 2989, de 2018, na qual consta nas razões de decidir que *"18. Se o legislador excluiu o orçamento estimativo do rol de elementos obrigatórios do edital do pregão, que deve conter todas as informações reputadas como necessárias para a*

refoge a este trabalho, o art. 23 do Projeto de Lei n° 1292/95 possui expressa disposição quanto à possibilidade de reserva ao acesso.

ACÓRDÃO	ENTENDIMENTO
Acórdão TCU n° 600/2015-Plenário	A realização de pesquisa de preços de mercado (...) sem a devida documentação das propostas no processo administrativo correspondente, contraria o disposto nos artigos 3° e 57, inciso II, da Lei 8.666/1993.
Acórdão TCU n° 3280/2011-Plenário	O entendimento dominante verificado nas decisões do Tribunal é de que, no caso de não ser possível obter preços de referência nos sistemas oficiais, deve ser realizada pesquisa contendo o mínimo de três cotações de empresas ou fornecedores distintos, fazendo constar do respectivo processo a documentação comprobatória pertinente aos levantamentos e estudos que fundamentaram o preço estimado.
Acórdão TCU n° 2531/2011-Plenário	(...) deve ser realizada pesquisa de preços contendo o mínimo de três cotações de empresas/ fornecedores distintos, fazendo constar do respectivo processo a documentação comprobatória pertinente aos levantamentos e estudos que fundamentaram o preço estimado.
Denúncia TCE/MG n° 876.376/2016	A pesquisa de preço, realizada na fase interna de procedimento licitatório, não deve se restringir a pedido de orçamento a empresas que atuem no ramo do objeto licitado, para se evitar que o valor da contratação seja superestimado pela Administração Pública.

---

apresentação das propostas e, por essa razão, constitui a norma interna de regência do certame, é porque aceitou que tais informações fossem mantidas desconhecidas do universos de licitantes. 19. Por outro lado, admitir que os licitantes obtenham tais informações mediante a solicitação de cópia do processo de licitação, nos casos em que tais elementos não constem do edital, significa impor custos administrativos desnecessários aos interessados. Afinal, ou a publicidade é obrigatória e o orçamento deve ser divulgado desde logo ao universo de potenciais licitantes, no edital do pregão, ou ela é facultativa e a administração pode manter o orçamento em sigilo, inclusive no processo administrativo da licitação. 20. Por esses motivos, compreendo que a Lei 10.520/2000 admite que o orçamento seja mantido em sigilo, mesmo que ele seja adotado como critério de julgamento da proposta."

14. NECESSIDADE DE MOTIVAÇÃO EXPRESSA PARA AUTORIZAÇÃO OU VEDAÇÃO DA PARTICIPAÇÃO DE CONSÓRCIOS.

De acordo com os arts. 278 e 279 da Lei 6.404, de 15 de setembro de 1976, as sociedades podem reunir-se para constituir um consórcio, ou seja, o consórcio é uma *"associação de sociedades"*[82]. O art. 33 da Lei 8.666, de 1993, permite que haja participação de consórcios nas licitações.Sobre o tema em questão, vale citar o entendimento da Procuradora Federal Thirzzia Carvalho[83] ao afirmar que o legislador pátrio deixou a critério da Administração decidir pela admissão ou não de consórcios em suas licitações. Trata-se de discricionariedade a cargo do gestor que deverá aferir, caso a caso, sempre norteado pelo interesse público perseguido com o certame, as situações em que este justifica a admissão das empresas organizadas em consórcio.

Para o TCU (**Acórdão 929/2017-Plenário**[84]), a Administração, em respeito à transparência e à motivação dos atos administrativos, deve explicitar as razões para a admissão ou vedação à participação de consórcios de empresas quando da contratação de objetos de maior vulto e complexidade. A Administração pode optar por permitir ou não a participação de consórcios em licitações públicas, devendo a decisão ser motivada, o que

---

82 JUSTEN FILHO, Marçal. Comentários a lei de licitações e contratos. 17ª ed. São Paulo: Revista dos Tribunais, 2016.

83 CARVALHO, Thirzzia Guimarães de. Alteração da constituição do consórcio vencedor após a adjudicação do objeto. In: Âmbito Jurídico, Rio Grande, XVI, n.110, mar 2013. Disponível em <http://www.ambito-juridico.com.br/site/?n_link=revista_artigos_leitura&artigo_id=12903>. Acesso em 06/10/2018.

84 TCU, Acórdão 929/2017-Plenário, Rel. Min. JOSÉ MÚCIO MONTEIRO, sessão de 10/05/2017.

é especialmente importante se a opção for vedar a participação, que, em regra, restringe a competitividade do certame (**TCU, 2447/2014-Plenário**[85]). No mesmo sentido, decidiu o TCU no **acórdão 2303, de 2015, Plenário**[86].

Deve ser autorizada a participação de consórcios nas licitações cujo objeto seja de grande vulto, pois isso permite um afluxo maior de competidores e aumenta a probabilidade de seleção de uma proposta mais vantajosa para a Administração (**TCU, Acórdão 1104/2007-Plenário**[87]).

Embora a aceitação ou não de empresas em consórcio na licitação seja um ato discricionário da Administração contratante, a decisão restritiva deve ser justificada no processo licitatório (**TCE/MG, Denúncia 911645/2018**[88]).

Ainda de acordo com o TCE/MG, a opção da Administração por vedar ou permitir a participação de empresas reunidas em consórcio na licitação deve ter como parâmetro a conjugação de elementos como vulto, dimensão e complexidade, devendo ser assegurada no caso concreto a ampla competitividade no certame (**TCE/MG, Denúncia 898.634**[89]).

Conforme o TCE/MG (**Representação 977.603/2018**[90]), *"a decisão administrativa referente à participação ou à vedação*

---

85 TCU, Acórdão 2447/2014-Plenário, Rel. Min. AROLDO CEDRAZ, sessão de 14/09/2014.

86 TCU, acórdão 2303/2015, Plenário. Rel. Min. José Múncio Monteiro. Sessão de 16/09/2015.

87 TCU, Acórdão 1104/2007-Plenário, Rel. Min. AROLDO CEDRAZ, sessão de 06/06/2007.

88 TCEMG, denúncia 911645, Cons. Rel. Durval Ângelo, Publ. Em 19/09/2018.

89 TCEMG, denúncia n. 898634, Rel. Cons. Sebastião Helvecio, pub em 28/08/2018.

90 TCEMG, representação nº 927.603, Rel. Cons. Gilberto Diniz, pub. em 12/07/2018.

de consórcio de empresas nos procedimentos licitatórios deve, necessariamente, ser motivada, mediante demonstração de que a Administração observou as condições do mercado com vistas a assegurar o caráter competitivo do certame".

Portanto, segundo os mais recentes precedentes do TCU e TCE/MG, a decisão administrativa que aceita ou veda a participação de consórcios na licitação, deve ser sempre motivada expressamente nos autos.

Vale lembrar também que o TCU, no **acórdão 3699, de 2019, da 2ª Câmara**[91], entendeu que *"Não deve ser exigido, na licitação, registro em cartório do compromisso de constituição de consórcio, uma vez que tal exigência não consta no rol dos instrumentos sujeitos obrigatoriamente ao registro de títulos e documentos para surtir efeitos perante terceiros (art. 129 da Lei 6.015/1973) e o Estatuto das Licitações somente o exige para fim de celebração do contrato (art. 33, inciso I e § 2º, da Lei 8.666/1993)."*

O Projeto de Lei nº1292/95, em posição contrária, em termos, dispõe sobre a participação em consórcio como regra, *'salvo vedação devidamente justificada no processo licitatório'*. Essa posição, bem se indica, encontra ressonância em alguns julgados do TCEMG[92], mas preferimos, por ora, manter a posição mais conservadora para apresentação de motivação em todos os casos.

---

91 TCU, acórdão 3699, de 2019, 2ª Câmara. Rel. Min. Augusto Nardes, Sessão 04/06/2019.

92 Por exemplo, TCEMG representação nº 951463, Rel. Cons. José Alves Viana, pub em 13/12/2018, *"1. A motivação nos autos do processo administrativo para a vedação à participação de consórcios em licitação é desnecessária quando a própria natureza do objeto já justificar a não permissão, em razão da sua complexidade/vulto.".* A posição bastante razoável do Conselheiro José Alves Viana também foi observada em outros julgados seus como Denúncia 911999; 859188 e 898328.

ACÓRDÃO	ENTENDIMENTO
Denúncia TCE/MG nº 876.376/2016	A participação de empresas reunidas em consórcio em procedimento licitatório deve ser permitida em situações especiais, quando as empresas existentes no mercado não tiverem condições de participar sozinhas da licitação, em razão da complexidade ou vulto do objeto.

15. SE O TIPO DE LICITAÇÃO FOR "TÉCNICA E PREÇO", A ADOÇÃO DE PESOS DISTINTOS EXIGE FUNDAMENTAÇÃO ESPECÍFICA.

Os critérios de julgamento das propostas devem sempre ser objetivos (art. 3º da Lei 8.666/93). Quando se utiliza o tipo de licitação "técnica e preço", cada um dos critérios pode ter um peso diferente na hora do julgamento das propostas. Por exemplo, a pontuação atribuída à 'técnica' pode ter o peso de 60% e ao 'preço' pode ter o peso de 40%. O que os tribunais de contas exigem é que a atribuição de pesos distintos entre 'técnica' e 'preço' deve sempre ser justificada por estudos técnicos, a fim de restar demonstrada a justa causa da diferenciação, bem como para não haver direcionamento da licitação (e consequente infringência do princípio da isonomia).

No Projeto de Lei nº 1292/95, o §2º do art. 35 dispõe que *"No julgamento por técnica e preço, deverão ser avaliadas e ponderadas as propostas técnicas e, em seguida, aquelas de preço apresentadas pelos licitantes, na proporção máxima de 70% (setenta por cento) de valoração para a proposta técnica, observada a exceção prevista no § 4º."* O §4º dispõe sobre os casos de contratação em que a proporção deverá ser obrigatoriamente de 70%.

ACÓRDÃO	ENTENDIMENTO
Denúncia TCE/MG nº 924.072/2018	A pontuação dos critérios técnicos e a atribuição de pesos distintos à nota técnica e ao preço devem ser justificadas adequadamente.
Acórdão TCU nº 2251/2017-Plenário	Em licitação do tipo técnica e preço, a adoção de pesos distintos entre os dois critérios pode ocasionar prejuízo à competitividade e favorecer o direcionamento do certame, especialmente quando ocorrer excessiva valoração do quesito técnica em detrimento do preço, sem que esteja fundamentada em estudo que demonstre tal necessidade.
Acórdão TCU nº 768/2013-Plenário	Em licitações do tipo técnica e preço, a instituição contratante deve sempre justificar, respaldada em estudos técnicos, quando o peso do critério preço for inferior ao do critério técnica.
2909/2012-Plenário	A adoção, em licitação do tipo técnica e preço, de peso excessivamente elevado para a pontuação técnica em relação à de preço, sem justificativa plausível, e de critérios subjetivos de julgamento das propostas contraria o disposto nos arts. 3º, 40, inciso VII, 44, § 1º, e 45, da Lei 8.666/1993.

16. AUSÊNCIA DE JUSTIFICATIVA ACERCA DA AGLUTINAÇÃO DE ITENS EM LOTES/GRUPOS

As licitações que envolvam a aquisição de mais de um item devem, em regra, ser divididas (adjudicadas) por cada item individual, mas também é possível optar por realizar a licitação por lote/grupo (ocasião em que diversos itens são aglomerados a fim de que somente a apenas um licitante seja adjudicado o grupo/lote).

A regra, contudo, é que as obras, serviços e compras efetuadas pela Administração sejam divididas em tantas parcelas quantas se comprovarem técnica e economicamente viáveis (§ 1.º do artigo 23 da Lei Federal nº 8.666, de 1993), a fim de aumentar a competitividade. O agrupamento de itens em lotes ou grupos só cabe diante de justificativa circunstanciada.

É nesse sentido a jurisprudência majoritária do TCU, consubstanciada na **Súmula nº 247**:

> É obrigatória a admissão da adjudicação por item e não por preço global, nos editais das licitações para a contratação de obras, serviços, compras e alienações, cujo objeto seja divisível, desde que não haja prejuízo para o conjunto ou complexo ou perda de economia de escala, tendo em vista o objetivo de propiciar a ampla participação de licitantes que, embora não dispondo de capacidade para a execução, fornecimento ou aquisição da totalidade do objeto, possam fazê-lo com relação a itens ou unidades autônomas, devendo as exigências de habilitação adequar-se a essa divisibilidade.

Vale ressaltar que cabe exclusivamente à área técnica a decisão de divisão de itens ou lotes, **mas sempre mediante justificativa expressa nos autos**. Os princípios da moralidade, publicidade e do controle jurisdicional, bem como a própria existência do Estado Democrático de Direito não admitem decisões obscuras ou desmotivadas.[93]

O Projeto de Lei nº 1292/95, nos §§2º a 4º, do art. 39, possui disposição semelhante à atual regulamentação, atribuindo maior densidade normativa ao princípio do parcelamento.

---

93 FURTADO, Lucas Rocha. *Curso de Direito Administrativo*. Belo Horizonte: Fórum, 2007. p. 413.

ACÓRDÃO	ENTENDIMENTO
Representação TCE/MG nº 959.061/2018	Ocorre a violação ao § 1º do art. 23 da Lei n. 8.666/93 e à Súmula n. 114 desta Corte, pela ausência de parcelamento do objeto licitado, em itens ou lotes, e pelo julgamento pelo critério de menor preço global em licitação para registro de preços, restringindo a ampla participação. Na eventual impossibilidade técnica do parcelamento, torna-se obrigatória a apresentação de elementos técnicos e sua comprovação.
Acórdão TCU nº 8023/2018-Plenário	18. Foi apresentada uma nova Justificativa para a aglutinação de determinados itens em lotes (item 8 dos estudos preliminares (fls. 149/150). 19. Não nos cabe discutir o mérito das justificativas apresentadas pelo órgão consulente já que, em grande parte, foram apresentadas questões administrativas internas do órgão – questões que somente podem ser identificadas no dia-a-dia da rotina administrativa 15. Dito isso, parece-nos que a questão da aglutinação/separação dos itens no certame licitatório em questão já foi suficientemente analisada durante a instrução do processo.
Acórdão TCU nº 8023/2018-Plenário	Deve-se considerar que o parcelamento da contratação deve ser aplicável quando for possível e representar vantagem para o Poder Público, geralmente mediante a ampliação do universo de competidores. Contudo (...) a regra do fracionamento do objeto 'poderá ser mitigada em face de limites de ordem técnica, ou seja, o fracionamento em lotes deverá respeitar a integridade qualitativa do objeto a ser executado' e observar 'o risco de o fracionamento aumentar o preço unitário a ser pago pela Administração'.
Acórdão TCU nº 1972/2018-Plenário	A aglutinação injustificada do objeto do certame, sempre que possível e viável o seu parcelamento, constitui afronta ao disposto no art. 23, § 1º, da Lei 8.666/1993 e no art. 14, § 2º, I, da IN-SLTI/MP 4/2014, conforme explicitado pela Súmula 247 do TCU.

17. AUSÊNCIA DE ESTUDO DEMONSTRANDO QUE A LOCAÇÃO É A SOLUÇÃO MAIS VANTAJOSA EM DETRIMENTO DA AQUISIÇÃO E VICE-VERSA (CONTRATOS QUE ENVOLVAM LOCAÇÃO OU AQUISIÇÃO DE EQUIPAMENTOS OU AUTOMÓVEIS)

Em respeito aos princípios da eficiência e da seleção da proposta mais vantajosa para a administração pública, o administrador público deve comprovar a economicidade da opção pela locação de equipamentos ou de veículos em detrimento de sua aquisição, bem como deve justificar se eventual aquisição é mais vantajosa do que a locação. A opção do gestor por determinada solução deve sempre ser acompanhada de estudos que demonstrem a vantajosidade em relação a outras soluções viáveis.

Esta preocupação como destaca Renato Geraldo Mendes, na obra citada, decorre da obrigação de a Administração buscar a melhor solução para atendimento de sua necessidade, de modo que *'a melhor descrição de um objeto é a que garante plenamente a satisfação da necessidade e, simultaneamente, possibilita o menor dispêndio de recursos financeiros. Essa é a verdadeira 'receita' da contratação pública'.*[94]

A despeito de os precedentes abaixo se referirem a equipamentos de informática e soluções de transporte, o entendimento é aplicável a todos os objetos que comportem mais de uma solução logística, pois o que se busca é a solução mais econômica e vantajosa para a Administração.

---

94 Op. Cit. – p. 136.

ACÓRDÃO	ENTENDIMENTO
Acórdão TCU nº 2686/2016-Plenário	A locação de computadores deve ser precedida de estudos de viabilidade que comprovem sua vantagem para a Administração quando comparada com a aquisição.
Acórdão TCU nº 1496/2015-Plenário	A opção pela aquisição de equipamentos de informática, em detrimento da locação, deve ser devidamente justificada pela Administração, em respeito ao princípio da economicidade e ao art. 3º da Lei 8.666/1993.
Acórdão TCU nº 1085/2007-Primeira Câmara	A Administração pode adotar, discricionariamente, a forma de transporte que considere mais adequada, seja locação ou aquisição de veículos, desde que haja paridade de custos comprovada por meio de comparação de preços. A Administração não deve utilizar os veículos de transporte, sejam veículos oficiais ou locados, em deslocamentos para aeroportos ou para residências/hotéis

18. AUSÊNCIA DE JUSTIFICATIVA QUANTO À VIGÊNCIA CONTRATUAL INICIAL MAIOR DO QUE 12 (DOZE) MESES

O Art. 57, caput, da Lei 8.666/93 dispõe que a duração dos contratos regidos por esta Lei ficará adstrita à vigência dos respectivos créditos orçamentários, exceto quanto aos projetos constantes do Plano Plurianual e aos contratos de prestação de serviços continuados, que podem ter sua vigência prorrogada, limitada a 60 (sessenta) meses.

Vejamos que, apesar de o art. 57, II, da Lei 8.666, de 1993 não prever vigência inicial maior do que 12 (doze) meses, em alguns casos, o TCU tem admitido a vigência inicial superior a 12 (doze) meses. Especificamente no caso de serviços de natureza continuada, o TCU, no **Acórdão 1214/2013,**

Plenário[95], admitiu a fixação de prazo superior a 12 meses, aduzindo que deve ser feita uma avaliação caso a caso, tendo em vista as especiais características da contratação, **cabendo à Administração justificar a razão da escolha do prazo.**

O TCE/MG possui posição bastante conservadora quanto a este aspecto da duração dos contratos, entendendo, como regra geral, que a *"duração dos contratos também será ânua"*, em correspondência ao crédito orçamentário (**Licitação n° 695860**[96] e **Processo Administrativo n° 688478**[97]).

Mais recente, decidiu o TCE/MG que *"1. Segundo doutrina e entendimento do TCU, nas hipóteses de estar devidamente justificado e demonstrado o benefício auferido pela Administração, e de tratar-se de prestação de serviço contínuo, excepcionalmente, o prazo contratual poderá extrapolar o crédito orçamentário."*[98]

Poderíamos ainda colacionar o **acórdão 490/2012**[99] na qual se firmou o entendimento:

> 6. Quanto ao prazo de duração do contrato, a lei não veda que os contratos de serviços continuados possam ser celebrados por prazo superior a 12 meses, o que, a princípio, permite que seja firmado por 24 meses. Contudo, existe jurisprudência no sentido de que, em observância ao que estabelece o dispositivo supracitado, os contratos de serviço de natureza continuada não devem ter prazo de vigência superior à

---

95 TCU, acórdão n° 1214/2013, Plenário, Relator Aroldo Cedraz, Sessão 22/05/2013

96 TCEMG, Licitação n° 695860. Rel. Auditor Hamilton Coelho, sessão do dia 28/08/2008

97 TCEMG, Processo Administrativo n° 688478. Rel. Conselheira Adriene Andrade, Sessão de 22/05/2007

98 TCEMG, Agravo 997567. Rel. Cons. José Alves Viana. Sessão de 29/11/2017

99 TCU, acórdão 490/2012, Plenário. Rel. Min. Valmir Campelo. Sessão de 07/03/2012

> 12 meses, de forma que as prorrogações sejam precedidas de avaliação técnica e econômica, que demonstrem as vantagens e o interesse da Administração em manter a contratação (acórdãos 1.467/2004 – 1ª Câmara, 1.626/2007 – Plenário, 1.259/2010 – Plenário, 5.820/2011 – 2ª Câmara). 7. Assim, considerando que a regra é a contratação por prazo de 12 meses, com sucessivas prorrogações, a contratação por prazo maior de 12 meses somente deve ser adotada em casos justificados, onde fique demonstrado o benefício advindo desse ato para a Administração

Contudo, não se pode admitir o automatismo quanto ao prazo superior a 12 (doze) meses. Sua possibilidade é excepcional e exige motivação. Assim, indispensável que a área técnica apresente justificativa expressa sobre a necessidade de vigência do contrato pelo período solicitado.

A Advocacia-Geral da União editou Orientação Normativa na qual é previsto que, **excepcionalmente**, o prazo de vigência poderá ser fixado por período superior a 12 meses quando, diante da peculiaridade e/ou complexidade do objeto, desde que fique tecnicamente demonstrado o benefício advindo para a administração:

> **ORIENTAÇÃO NORMATIVA Nº 38, DE 13 DE DEZEMBRO DE 2011**
> "NOS CONTRATOS DE PRESTAÇÃO DE SERVIÇOS DE NATUREZA CONTINUADA, DEVE-SE OBSERVAR QUE: A) O PRAZO DE VIGÊNCIA ORIGINÁRIO, DE REGRA, É DE ATÉ 12 MESES; B) EXCEPCIONALMENTE, ESTE PRAZO PODERÁ SER FIXADO POR PERÍODO SUPERIOR A 12 MESES NOS CASOS EM QUE, DIANTE DA PECULIARIDADE E/OU COMPLEXIDADE DO OBJETO, FIQUE TECNICAMENTE DEMONSTRADO O BENEFÍCIO ADVINDO PARA A ADMINISTRAÇÃO; E C) É JURIDICAMENTE POSSÍVEL A PRORROGAÇÃO DO CONTRATO POR PRAZO DIVERSO DO CONTRATADO ORIGINARIAMENTE."

Ainda, de acordo com a Instrução Normativa MPOG nº 05/2017, Anexo IX, item 12, "b" (que vige no âmbito da União), excepcionalmente, este prazo poderá ser fixado por período superior a 12 meses, nos casos em que, diante da peculiaridade e/ou complexidade do objeto, fique tecnicamente demonstrado o benefício advindo para a Administração.

Quando a autoridade administrativa fixar prazo de vigência maior que 12 (doze) meses, é indispensável que, a cada novo período de 12 meses, **seja avaliado se a solução permanece pertinente, bem assim se o valor e a qualidade continuam compatíveis com os praticados no mercado.**

Ainda, nos casos em que a autoridade administrativa opte por prazo de vigência contratual maior que 12 (doze) meses, é recomendável a adoção de cláusula contratual que admita a rescisão por parte da Administração Pública sem que o contratado tenha direito a indenização pelo só fato de se extinguir o vínculo contratual antes do prazo contratual estipulado.

Absorvendo a jurisprudência, o Projeto de Lei nº1.292, de 1995 (PL da nova lei de licitações)[100], art. 104, expressamente prevê que a Administração pode celebrar, nas hipóteses de serviços e fornecimentos contínuos, **contratos com prazo de até 5 (cinco) anos,** desde que seja atestada: (i) a vantajosidade econômica da contratação plurianual; (ii) a cada 12 meses, a existência de créditos orçamentários vinculados à contratação e a vantagem em sua manutenção; tudo com a possibilidade de extinção do contrato, sem ônus, quando não houver créditos orçamentários para a continuidade do vínculo ou quando o contrato não mais oferecer vantagem.

---

100 Redação do PL vigente em dezembro de 2018

VIGÊNCIA CONTRATUAL MAIOR QUE 12 MESES	
ACÓRDÃO	**ENTENDIMENTO**
Acórdão TCU n° 1214/2013-Plenário	(...) verificadas as peculiaridades de cada serviço, os contratos de natureza continuada podem ser firmados, desde o início, com prazos superiores a 12 meses. Contudo, **a cada doze meses devem ser avaliadas a necessidade e a qualidade dos serviços e se os valores estão compatíveis com os praticados pelo mercado.** Considerando que a legislação não determina expressamente que esse tipo de contrato deve ter prazo inicial de vigência de 12 meses, levando em conta os aspectos mencionados nos parágrafos anteriores, entendo que não se deva fixar uma orientação geral de que a administração deve ou não fazer contratos para prestação de serviços continuados com prazo de 12, 24 ou 60 meses. É uma avaliação que deve ser feita a cada caso concreto, tendo em conta as características específicas daquela contratação. Cabe à administração **justificar** no procedimento administrativo o porquê da escolha de um ou outro prazo, levando-se em conta os aspectos aqui discutidos e outros porventura pertinentes para aquele tipo de serviço.
Acórdão TCU n° 1.858/2004-Plenario	Avalie, caso a caso, a oportunidade e conveniência de se fixar prazo anual de vigência para os contratos de prestação de serviços contínuos, como o aluguel de copiadoras/impressoras, justificando com base no interesse público sempre que as peculiaridades e complexidade do objeto contratado indicar para a estipulação de prazos maiores (...)
Agravo TCE/MG n° 997.567/2017	(...) nas hipóteses de estar devidamente justificado e demonstrado o benefício auferido pela Administração, e de tratar-se de prestação de serviço contínuo, excepcionalmente, o prazo contratual poderá extrapolar o crédito orçamentário.
IN/MPOG n° 05/2017, Anexo IX, item 12, "b"	12. Nos contratos de prestação de serviços de natureza continuada, deve-se observar que: a) o prazo de vigência originário, de regra, é de 12 (doze) meses; b) excepcionalmente, este prazo poderá ser fixado por período superior a 12 meses, nos casos em que, diante da peculiaridade e/ou complexidade do objeto, fique tecnicamente demonstrado o benefício advindo para a Administração;

19. FALTA DE JUSTIFICATIVA DO QUANTITATIVO A SER ADQUIRIDO

A expectativa de consumo apontada em processo de compra deve se aproximar, o máximo possível, ao que efetivamente será adquirido.[101]

O art. 15, § 7º, II, da Lei 8.666/93, dispõe que a estimativa das unidades e das quantidades a serem adquiridas, em função do consumo e utilização prováveis, será obtida, sempre que possível, mediante adequadas técnicas quantitativas de estimação.

Conforme informa Renato Geraldo Mendes, *'o aspecto quantitativo relava uma ideia de número, tamanho, dimensão ou grandeza. Todo o objeto reúne os dois aspectos. Mesmo inerentes ao objeto, os aspectos qualitativo e quantitativo têm seu fundamento de validade na própria necessidade da Administração'*[102]

Assim, nas licitações (independentemente da modalidade) que envolvam quantitativos (de bens a serem adquiridos, horas-homem a serem contratadas, número de profissionais a serem disponibilizados etc.), deverá ser providenciada, pela área técnica demandante, justificativa no sentido de demonstrar de que maneira foi definido/estimado o quantitativo indicado (seja em função de consumo anterior, número de servidores, incremento de atividades ou qualquer outro dado concreto).

O TCU já se manifestou no sentido de que "(...) *os órgãos e entidades da Administração Pública Federal devem fazer constar do processo administrativo de contratação, além da justificativa sobre os quantitativos solicitados, justificativa acerca dos requisitos,*

---

101 JACOBY FERNANDES, Jorge Ulisses. Sistema de Registro de Preços e Pregão Presencial e Eletrônico. 5 ed. Belo Horizonte: Fórum, 2013. p. 140.

102 Op. Cit – p. 135.

das restrições e das especificações dispostos no edital" (**Acórdão 248/2017, Plenário, Rel. Min Walton Alencar Rodrigues**[103]). Outros precedentes destacam a importância do planejamento a fim de se dimensionar corretamente os quantitativos serem adquiridos, em especial destacamentos incorreta prática observada pelo TCU de inflar os quantitativos como meio de obtenção de margem de segurança, comportamento rechaçado: *"O superdimensionamento de quantitativos de serviços em fase de licitação, sob o pretexto de conferir ao orçamento de referência margem de segurança para eventuais distorções, é ato incompatível com os princípios da legalidade e da eficiência, ensejador de determinação ao órgão para que proceda à sua anulação, sem prejuízo da possibilidade aplicação de multa aos responsáveis que lhe deram causa."* (**Acórdão TCU n° 331 de 2009**[104])

No **acórdão n° 1793, de 2011**, o TCU ainda alertou que o dimensionamento adequado do quantitativo evita a necessidade de firmar aditivos com acréscimo de valor em prazo exíguo[105].

Aliás, mesmo nos registros de preço na qual a execução ocorre por demanda e não há obrigação de contratar, o quantitativo deve ser adequadamente justificado. Em importante julgado, o TCE/MG registrou que *"2. Ainda que a Administração deixe claro a não obrigação em adquirir a totalidade dos itens licitados, o que é pertinente ao Sistema de Registro de Preços, tal fato não justifica uma definição aleatória ou desarrazoada dos quantitativos, cuja estimativa deverá ser obtida, sempre que possível, mediante adequadas técnicas quantitativas de estimação."*[106]

---

103 TCU, acórdão 248/2017, Plenário, Rel. Min Walton Alencar Rodrigues, Sessão em 15/02/2017.

104 TCU, acórdão 331/2009, Plenário. Rel. Min. Augusto Nardes, Sessão em 04/03/2009.

105 TCU, acórdão 1793/2011, Plenário. Rel. Min. Valmir Campelo. Sessão em 06/07/2011.

106 TCEMG, denúncia 898408, Cons. Rel. Wanderley Ávila. Pub. 10/09/2018.

No mesmo sentido, já se manifestou a Advocacia-Geral da União, em sua **orientação normativa NAJ-MG nº 52**, de 22 de julho de 2009:

> LICITAÇÃO. DEFINICÃO DO QUANTITATIVO DO OBJETO. JUSTIFICATIVA GENÉRICA. IMPOSSIBILIDADE 1. No caso de compra de bens, a Administração deverá observar o disposto no Art. 15, §7º, II, da Lei nº 8.666/93, justificando as quantidades a serem adquiridas em função do consumo do órgão e provável utilização, devendo a estimativa ser obtida, a partir de fatos concretos (Ex: consumo do exercício anterior, necessidade de substituição dos bens atualmente disponíveis, implantação de setor, acréscimo de atividades, etc);
> 2. No caso de contratação de serviços, continuados ou não, a Administração deverá observar os dispositivos da IN nº 02/08 do MPOG, destacando-se a necessidade de realização de prévio planejamento das contratações (Art. 2º) e a confecção de Projeto Básico ou Termo de Referência com justificativa detalhada da contratação, nos quais deverão constar: a motivação da contratação; os benefícios diretos e indiretos que resultarão da contratação; a conexão entre a contratação e o planejamento existente (Arts. 14 e 15).
> Referências: Parecer de uniformização Nº AGU/CGU/NAJ/MG-1417/2008-CMM.

CAPÍTULO III – NO EDITAL

20. AUSÊNCIA DE PREVISÃO DE FORMAS DE IMPUGNAÇÃO E INTERPOSIÇÃO DE RECURSOS À DISTÂNCIA

A impugnação ao edital é uma importante ferramenta de controle exercida pelo cidadão e pelos licitantes.[107]

Há precedente do TCE/MG rechaçando as disposições editalícias que vedem a impugnação ao edital à distância ou mesmo que não a prevejam.

Na Denúncia TCE/MG n° 912.245/2018[108], foi analisada cláusula que dispunha não serem aceitas *"as impugnações enviadas por faz, e-mail ou intempestivas"*. Entendeu-se que, à luz do princípio da ampla competitividade e da transparência, em certames vindouros, deve-se adotar redação editalícia mais abrangente quanto ao direito de petição, admitindo-se formas de impugnação e interposição de recursos à distância.

No mesmo sentido, o TCE/MG decidiu para os meios alternativos de interposição de recurso no pregão presencial, *'2. A vedação, em editais de licitação, à interposição de recursos por outros meios, senão aqueles protocolizados na sede do órgão licitante, compromete o contraditório e a ampla defesa previstos no artigo 5°, inciso LV, da CR/88 e afronta o estabelecido no artigo 40, inciso VIII, da lei Federal n. 8.666/93.'*[109]

---

107 TORRES, Rony Charles Lopes de. Leis de licitações públicas comentadas. 7 ed. Salvador: JusPodivm, 2015. p. 480/481

108 TCEMG, denúncia 912245, Rel. Cons. Substituto Hamilton Coelho. Publicação em 20/07/2018

109 TCEMG, representação n. 951463, Rel. Cons. José Alves Viana, publicação em 13/12/2018

AUSÊNCIA DE PREVISÃO DE FORMAS DE IMPUGNAÇÃO E INTERPOSIÇÃO DE RECURSOS À DISTÂNCIA	
ACÓRDÃO	ENTENDIMENTO
Denúncia TCE/MG nº 912.245/2018	Deve-se adotar redação editalícia abrangente quanto ao direito de petição, admitindo-se formas de impugnação e interposição de recursos à distância

21. AUSÊNCIA DE RESERVA DE ITENS PARA ME/EPP OU FALTA DE JUSTIFICATIVA PARA A NÃO RESERVA

De acordo com o art. 48, II e III, da Lei Complementar nº 123, de 2006, a Administração Pública é obrigada a realizar processo licitatório destinado exclusivamente à participação de microempresas e empresas de pequeno porte nos **itens de contratação** cujo valor seja de até R$ 80.000,00 (oitenta mil reais)[110], bem como é obrigada a estabelecer, em certames para aquisição de bens de natureza divisível, cota de até 25% (vinte e cinco por cento) do objeto àquelas empresas.

No âmbito do Estado de Minas Gerais, considera-se **item de contratação** o lote composto por um item ou por um conjunto de itens (art. 7º, § 1º, do Decreto Estadual nº 47.437, de 2018).

---

110 "Caso o objeto seja a prestação de serviços contínuos em se que admite a prorrogação contratual, consoante entendimento do TCU (BRASIL, 2016m), o limite de contratação no valor de R$ 80.000,00 tem como parâmetro apenas o exercício financeiro inicial da contratação, não podendo ser considerados para a aferição do montante os valores correspondentes às eventuais prorrogações contratuais". *In*: AMORIN, Victor Aguiar Jardim de. *Licitações e contratos administrativos: teoria e jurisprudência.* Brasília: Senado Federal, Coordenação de Edições Técnicas, 2017p. 131.

Portanto, a reserva de item ou cota de contratação é obrigatória. Essa regra, contudo, somente pode ser excepcionada quando (art. 49, II e III, da LC 123, de 2006):

(i) o **tratamento diferenciado** e simplificado para as microempresas e empresas de pequeno porte **não for vantajoso para a administração** pública ou representar prejuízo ao conjunto ou complexo do objeto a ser contratado;

(ii) ou não houver um mínimo de 3 (três) fornecedores competitivos enquadrados como microempresas ou empresas de pequeno porte sediados local ou regionalmente e capazes de cumprir as exigências estabelecidas no instrumento convocatório.

É muito comum que, nas licitações em que a área técnica decida por não atribuir lote exclusivo ou não reservar cota de até 25% para ME e EPP, a área demandante não explicite nos autos a razão da não aplicação da regra impositiva. É um grave erro que pode ensejar a punição do agente público responsável.

É o que dispõe o art. 14, § 2º, do Decreto Estadual nº 47.437, de 2018, ao prever que *"A autoridade competente deverá motivar, nos autos do processo, a não aplicação dos benefícios dispostos nos arts. 8º e 11"*.

Assim, sempre que *"não for vantajoso"* para a Administração aplicar a regra da exclusividade ou reserva de cotas para ME e EPP ou quando não houver 3 fornecedores competitivos local ou regional, deve restar demonstrado nos autos, pela área técnica, quais os fatos que a levaram por concluir que a regra que beneficia as microempresas deve ser afastada no caso concreto.

No Estado de Minas Gerais, considera-se (normativamente) não vantajoso a exclusividade ou reserva às MEs e EPPs quando (art. 14, § 1º, I, II, do Decreto Estadual 47.437, de 2018):

(i) a natureza do bem, serviço ou obra for incompatível com a aplicação dos benefícios;

(ii) a realização de procedimento licitatório anterior, com a previsão da aplicação destes benefícios:

a) resultou em preço superior ao valor estabelecido como referência;

b) resultou em licitação deserta ou sem licitante vencedor.

De todo modo, tais fatos devem sempre estar circunstanciados nos autos, pois o que se presume é a aplicação da regra, não a ausência dela.

ACÓRDÃO	ENTENDIMENTO
Denúncia TCE/MG nº 951.873/2018	Nas licitações processadas por itens, a Administração deverá reservar à participação de microempresas e empresas de pequeno porte aqueles itens cujo valor seja inferior a R$80.000,00 à época dos fatos, na forma prevista no artigo 48, inciso III, da Lei Complementar n 123/06 (...), ainda que o somatório do valor de todos os itens supere esse montante.
	Quando se trata de licitação para aquisição de bens de natureza divisível e o valor total superar o limite disposto no art. 48, I, da LC n. 123/06, alterada pela LC n. 147/2014, deverá ser reservada cota de até 25% do objeto para a contratação de ME e EPP.
Denúncia TCE/MG nº 942175, de 2018.	5. NAS CONTRATAÇÕES DA ADMINISTRAÇÃO PÚBLICA, DEVE SER ASSEGURADO O TRATAMENTO DIFERENCIADO E SIMPLIFICADO PARA MICROEMPRESAS E EMPRESAS DE PEQUENO PORTE, CONFORME AS DISPOSIÇÕES CONTIDAS NA LEI COMPLEMENTAR N.º 123/06, COM AS ALTERAÇÕES INTRODUZIDAS POR MEIO DA LEI COMPLEMENTAR N.º 147/14.
Denúncia TCE/MG nº 969107, de 2017	1. A Lei Complementar n. 123/06 é expressa em determinar a exclusividade da participação de microempresas e empresas de pequeno porte nos itens de contratação com valor igual ou inferior a R$80.000,00 (oitenta mil reais). Tal regra, desde que motivada, poderá ser excepcionada nos termos da própria lei.

22. NATUREZA DO VÍNCULO EMPREGATÍCIO OU SOCIETÁRIO COMO REQUISITO DE PARTICIPAÇÃO NA LICITAÇÃO

Para fins de habilitação, pode ser exigido do licitante a apresentação de documentação que demonstre a capacidade técnico-profissional, conceituada pela lei como *"comprovação do licitante de possuir em seu quadro permanente, na data prevista para entrega da proposta, profissional de nível superior ou outro devidamente reconhecido pela entidade competente, detentor de atestado de responsabilidade técnica por execução de obra ou serviço de características semelhantes, limitadas estas exclusivamente às parcelas de maior relevância e valor significativo do objeto da licitação, vedadas as exigências de quantidades mínimas ou prazos máximos"* (art. 30, § 1º, I, da Lei 8.666, de 1993).

A qualificação técnico-operacional é um requisito referente à empresa que pretende executar a obra ou serviço licitados. Já a qualificação técnico-profissional se refere às pessoas físicas que prestarão serviços à empresa licitante (**Acórdão TCU nº 1332/2006-Plenário**[111]).

Não se pode exigir, contudo, que a licitante tenha que comprovar possuir, em seus quadros, profissionais com vínculo empregatício como requisito para participação da licitação. O que importa é que o profissional, seja com vínculo empregatício, autônomo até mesmo societário, tenha condições de prestar o serviço por ocasião da execução do contrato. Estas são as palavras de Justen Filho:

> Não é possível, enfim, transformar a exigência de qualificação técnica profissional em uma oportunidade para garantir "emprego" para certos profissionais. Não se pode conceber que as

---

111 TCU acórdão 1332/2006-Plenário, Rel. Min. Walton Alencar Rodrigues, sessão em 02/08/2006

empresas sejam obrigadas a contratar, sob vínculo empregatício, alguns profissionais apenas para participar da licitação. A interpretação ampliativa e rigorosa da exigência de vínculo trabalhista se configura como uma modalidade de distorção: o fundamental, para a Administração Pública, é que o profissional esteja em condições de efetivamente desempenhar seus trabalhos por ocasião da execução do futuro contrato. É inútil, para ela, que os licitantes mantenham profissionais de alta qualificação empregados apenas para participar da licitação. É suficiente, então, a existência de contrato de prestação de serviços, sem vínculo trabalhista e regido pela legislação civil comum.

O que se tem entendido é que deve ser facultada às licitantes, na fase de habilitação do certame, a apresentação de declaração de que determinado profissional, com suas qualidades determinadas, estará disponível quando da execução contratual, para que não seja frustrado o caráter competitivo do certame.

São também nesse sentido as manifestações do TCU e do TCE, conforme tabela abaixo:

EXIGÊNCIA DE VÍNCULO EMPREGATÍCIO COMO CONDIÇAO DE PARTICIPAÇAO DA LICITAÇÃO	
ACÓRDÃO	**ENTENDIMENTO**
Representação TCE/MG nº 986.973/2018	A comprovação de capacitação técnico-profissional prevista no artigo 30, §1º, inciso I, da Lei Federal nº 8666/93, pode ser feita mediante carteira profissional, contrato de trabalho, contrato social ou até por meio de declaração formal da sua disponibilidade na data da contratação, consoante estabelece o §6º da referida Lei de Licitações.
Denúncia TCE/MG nº 898.621/2018	É desnecessário para comprovação da capacitação técnico-profissional de que trata o art. 30 §1º, I, da Lei n. 8.666/93, que o empregado possua vínculo empregatício por meio de Carteira de Trabalho e Previdência Social assinada, sendo suficiente prova da existência de contrato de prestação de serviços, regido pela legislação civil comum.

Acórdão TCU nº 12.879/2018-Plenário	Configura restrição ao caráter competitivo da licitação a exigência, para fins de comprovação da capacidade técnico-profissional (art. 30, § 1º, inciso I, da Lei 8.666/1993), da demonstração de vínculo societário ou empregatício, por meio de carteira de trabalho, do responsável técnico com a empresa licitante, sendo suficiente a comprovação da disponibilidade do profissional mediante contrato de prestação de serviços, sem vínculo trabalhista e regido pela legislação civil.
Acórdão TCU nº 529/2018-Plenário	Em caso de exigência de certificação profissional, devidamente justificada, deve ser facultada às licitantes, na fase de habilitação do certame, a apresentação de declaração de disponibilidade do profissional certificado. A comprovação de vínculo empregatício ou de qualquer outra natureza jurídica deve ser exigida apenas quando da assinatura do contrato, de modo a não restringir ou onerar desnecessariamente a participação de empresas na licitação.
Acórdão TCU nº 2838/2016-Plenário	Configura restrição ao caráter competitivo da licitação a exigência, para fins de comprovação da capacidade técnico-profissional (art. 30, § 1º, inciso I, da Lei 8.666/1993), da demonstração de vínculo societário ou empregatício, por meio de carteira de trabalho, do responsável técnico com a empresa licitante, sendo suficiente a comprovação da disponibilidade do profissional mediante contrato de prestação de serviços, sem vínculo trabalhista e regido pela legislação civil.
Acórdão TCU nº 872/2016-Plenário	Configura restrição ao caráter competitivo da licitação a exigência, para fins de comprovação da capacidade técnico-profissional (art. 30, § 1º, inciso I, da Lei 8.666/1993), da demonstração de vínculo empregatício, por meio de carteira de trabalho, do profissional com a empresa licitante, sendo suficiente a comprovação da disponibilidade do profissional mediante contrato de prestação de serviços, sem vínculo trabalhista e regido pela legislação civil.

23. REGRA RESTRITIVA DE COMPETITIVIDADE: GRUPO ECONÔMICO E SÓCIOS COM RELAÇÃO DE PARENTESCO

É muito comum que os editais **vedem a participação**, na licitação, de empresas que integrem o **mesmo grupo econômico**, assim entendidas como aquelas que tenham diretores, sócios ou representantes legais comuns, ou que utilizem recursos materiais, tecnológicos ou humanos em comum, exceto se demonstrado que não agem representando interesse econômico comum.

Contudo, segundo o princípio da isonomia (relacionado ao princípio da impessoalidade), a Administração deve dispensar tratamento igualitários (não discriminatório) aos licitantes[112].

Na realidade, não se pode presumir que empresas de um mesmo grupo econômico estejam agindo com a finalidade de frustrar a competitividade da licitação, embora isso possa, a qualquer tempo, ser alegado e demonstrado pelos demais licitantes.

Destarte, fato que se tem observado com frequência nas licitações é o conluio de empresas coligadas ou integrante de grupo econômico na qual há participação da empresa de pequeno porte com o objetivo de proporcionar o usufruto indireto dos benefícios previstos na LC 123, de 2006, na qual se observa a plena execução pela empresa de grande porte, em verdadeira fraude ao procedimento licitatório.[113]

---

112 OLIVEIRA, Rafael Carvalho Resende. *Licitações e contratos administrativos*. 4 ed. Rio de Janeiro: Forense; São Paulo: Método, 2015.p.29.

113 A situação foi muito bem percebida no caso concreto analisado pelo TCU, no acórdão nº 2992, de 2016, Plenário, na qual empresa de grande porte de grupo familiar criou e utilizou empresas de pequeno porte para obter benefício que, normalmente, não poderia obter, frustrando os objetivos da lei. Destaca-se o trecho: *"mais importante do que o pleno*

Repita-se que o conluio deve ser fortemente rechaçado pela Administração, devendo o pregoeiro suspender a sessão se perceber a existência de indícios, com a promoção do devido processo administrativo para apurar as irregularidades,[114] não obstante, o que se pondera é que a Administração não poderá, de antemão, impedir a participação sem elementos que embasem o conluio.

Não há previsão normativa que vede a participação, numa mesma licitação, de empresas de mesmo grupo econômico ou com sócios que tenham parentesco, salvo se esses fatos, comprovadamente, implicarem o direcionamento da licitação, com a restrição de competitividade. Esse é o entendimento do TCU, no **Acórdão nº 2803/2016-Plenário**[115]:

> Não existe vedação legal à participação, no mesmo certame licitatório, de empresas do mesmo grupo econômico ou com sócios em relação de parentesco, embora tal situação possa acarretar quebra de isonomia ente as licitantes. A demonstração de fraude à licitação exige a evidenciação do nexo causal entre a conduta das empresas com sócios em comum ou em relação de parentesco e a frustração dos princípios e dos objetivos da licitação.

---

enquadramento da situação ora apurada nos conceitos de coligação ou de grupo econômico é perceber a existência de uma gestão em comum com a nítida intenção do casal de utilizar uma de suas EPP visando à obtenção de benefícios previstos na Lei Complementar 123/2006, de forma ilegítima, por contrariar o princípio da isonomia e o espírito da lei". TCU, acórdão 2992/2016, Plenário. Rel. Min. Walton Alencar Rodrigues. Sessão de 23/11/2016.

114 Confira a conclusão do **acórdão 2649, de 2015, do Plenário do TCU**: *"A caracterização de conluio exige a conjunção de indícios vários e coincidentes que apontem para a ocorrência de fraude à licitação, consubstanciada na prática de atos capazes de restringir o caráter competitivo do procedimento licitatório e de promover o direcionamento do certame".* (TCU, acórdão 2649/2015, Plenário. Rel. Min. André de Carvalho. Sessão de 21/10/2015.

115 TCU, Acórdão 2803/2016, Plenário, Rel. Min. ANDRÉ DE CARVALHO, sessão de 01/11/2016.

No Projeto de Lei nº 1292/95, o §3º do art. 14, ao tratar das vedações, esclarece que *"equiparam-se aos autores do projeto as empresas integrantes do mesmo grupo econômico"*, talvez sinalizado entendimento contrário ao exposto, mas atualmente apenas como referência de *lege lata ferenda*.

24. EXIGÊNCIA DE CAPITAL SOCIAL INTEGRALIZADO

De acordo com a Lei 8.666, de 1993, é possível que a Administração exija, nas compras para entrega futura e na execução de obras e serviços, a comprovação de capital mínimo ou de patrimônio líquido de até 10% (dez por cento) como dado objetivo de comprovação da qualificação econômico-financeira dos licitantes (art. 31, § 2º), para fins de habilitação.

É frequente, contudo, que editais exijam que o capital social seja **integralizado**. A Lei 8.666, de 1993, todavia, não prevê que o capital social, para fins de habilitação, seja integralizado. Tal exigência vem sendo considerada como irregular, pois, além de não prevista em lei, restringe a competitividade.

Mantém-se a constante preocupação para que as exigências de habilitação se restrinjam exclusivamente àquelas legalmente permitidas nos arts. 27 a 31 da Lei 8.666, de 1993.

Há disposição similar no Projeto de Lei nº 1292/95, no §4º do art. 68, que limita a exigência a 10% do valor estimado da contratação para o capital mínimo.

EXIGÊNCIA DE INTEGTALIZAÇÃO DE CAPITAL SOCIAL	
ACÓRDÃO	ENTENDIMENTO
Denúncia TCE/MG nº 1.024.582/2018	Com efeito, o § 2º do art. 31 da Lei nº 8.666, de 1993, não prevê a comprovação de capital social **integralizado**, motivo pelo qual entendo que, de fato, a exigência editalícia não estava amparada na lei.
Denúncia TCE/MG nº 887.831/2017	A exigência de que o capital social seja integralizado e de que haja patrimônio líquido mínimo de 5% sobre o valor do lance do vencedor fere o disposto no artigo 31, §§ 2º e 3º da Lei 8.666, o qual não prevê exigência de capital social integralizado, a simples previsão editalícia é suficiente para afastar do certame empresas que não possuíam o capital social devidamente integralizado, o que restringe a competitividade e isonomia, imprescindíveis nos procedimentos licitatórios.
Acórdão TCU nº 2365/2017-Plenário	É ilegal a exigência de capital social mínimo **integralizado**, para fins de habilitação, por afronta ao disposto no art. 27 da Lei 8.666/1993.
Acórdão TCU nº 1944/2015-Plenário	É ilegal exigir, como condição para participação na licitação, demonstração de capital **integralizado** mínimo. Tal exigência extrapola o comando legal contido no art. 31, §§ 2º e 3º, da Lei 8.666/1993, que prevê tão somente a comprovação de capital mínimo como alternativa para a qualificação econômico-financeira dos licitantes.

25. EXIGÊNCIA DE AMOSTRA DE TODOS OS LICITANTES

A exigência da amostra é necessária quando a avaliação da qualidade do produto não puder ser feita exclusivamente de modo teórico[116]. É importante que a necessidade de haver apresentação de amostras esteja justificada nos autos, sob pena de restringir a competitividade.

---

116 JUSTEN FILHO, Marçal. Comentários a lei de licitações e contratos. 17ª ed. São Paulo: Revista dos Tribunais, 2016.

Como bem percebido por Renato Geraldo Mendes, *'a imposição aos licitantes do dever de apresentar amostra do bem, produto ou material por ele proposto é uma obrigação que integra o encargo ... pretende-se reduzir riscos e possibilitar a quem julga a certeza de que o objeto proposto atenderá à necessidade da Administração'*[117]

Apesar de há muito o TCU e o TCE/MG terem pacificado que a exigência de apresentação de amostras deve ser requerida na fase de classificação das propostas e **somente do licitante provisoriamente classificado em primeiro lugar**, ainda existem editais em que constam a exigência para todos os licitantes.

Previsão semelhante encontramos no Projeto de Lei nº 1292/95, no §3º do art. 17; §§2º e 3º e alínea 'd', inc. II do art. 40, portanto, não fugindo dessas orientações atuais.

Diversas são as regras referentes a amostras, que devem estar presentes nos instrumentos convocatórios, senão vejamos:

AMOSTRAS	
ACÓRDÃO	**ENTENDIMENTO**
Denúncia TCE/MG nº 912.245/2018	A exigência de apresentação de laudos e amostras dos produtos a serem adquiridos está relacionada às características e peculiaridades do objeto licitado e **deve ser dirigida somente ao vencedor**.
Denúncia TCE/MG nº 858.505/2017	A exigência de amostra de todos os licitantes na modalidade pregão afigura-se restritiva. 6. **A ausência de definição no edital dos critérios para julgamento das amostras contraria o disposto no art. 44, §1º, da Lei 8.666/93.**
Acórdão TCU nº 529/2018-Plenário	Em caso de exigência de amostra, **o edital de licitação deve estabelecer critérios objetivos**, detalhadamente especificados, para apresentação e avaliação do produto que a Administração deseja adquirir. Além disso, **as decisões relativas às amostras apresentadas devem ser devidamente motivadas**, a fim de atender aos princípios do julgamento objetivo e da igualdade entre os licitantes.

---

117 Op. Cit. – p. 171.

Acórdão TCU nº 1823/2017-Plenário	Em licitações que requeiram prova de conceito ou apresentação de amostras, **deve ser viabilizado o acompanhamento dessas etapas a todos licitantes interessados**, em consonância com o princípio da publicidade.
Acórdão TCU nº 1667/2017-Plenário	Em pregão, o instrumento convocatório pode prever a exigência de amostras com a finalidade de verificação do atendimento aos requisitos de qualidade previstos no edital.
Acórdão TCU nº 1667/2017-Plenário	**Não se admite a entrega pela contratada de produto diferente da amostra apresentada e aprovada na licitação**, pois a aceitação do produto demandaria nova avaliação técnica, prejudicando a celeridade da execução contratual e favorecendo a contratada em relação às demais participantes do certame.
Acórdão TCU nº 1491/2016-Plenário	Havendo exigência de amostras, é imprescindível que o detalhamento dessa obrigação esteja contido no edital da licitação, com a **devida especificação dos critérios objetivos para avaliação** da amostra apresentada pelo licitante classificado provisoriamente em primeiro lugar, em observância ao art. 40, inciso VII, da Lei 8.666/1993.
Acórdão TCU nº 2796/2013-Plenário	É irregular exigir que todos os licitantes, ao final da fase de lances, apresentem amostras dos produtos, **devendo tal exigência limitar-se apenas ao competidor provisoriamente classificado em primeiro lugar**, acompanhada do estabelecimento de prazo razoável, com definição de data e horário, para análise das amostras.
Acórdão TCU nº 2077/2011-Plenário	No caso de exigência de amostra de produto, devem ser estabelecidos critérios objetivos, detalhadamente especificados, de apresentação e avaliação, bem como de julgamento técnico e de motivação das decisões relativas às amostras apresentadas.
Acórdão TCU nº 1291/2011-Plenário	**A desclassificação de licitante deve estar amparada em laudo ou parecer** que indique, de modo completo, as deficiências na amostra do produto a ser adquirido, quando esta é exigida.
Acórdão TCU nº 1984/2008-Plenário	Em licitações que requeiram prova de conceito ou apresentação de amostras, **deve ser viabilizado o acompanhamento de suas etapas para todos os licitantes interessados**, em consonância com o princípio da publicidade.

26. EXIGÊNCIA DE PUBLICAÇÃO NO DIÁRIO OFICIAL DA UNIÃO PARA AS LICITAÇÕES PROMOVIDAS PELO ESTADO E PELOS MUNICÍPIOS COM USO DE VERBA FEDERAL

Apesar de a redação do inc. I do art. 21 da Lei 8666, de 1993, sugerir, em interpretação literal, a necessidade de publicação do D.O.U apenas *"quando se tratar de obras financiadas parcial ou totalmente com recursos federais ou garantidas por instituições federais"*, o TCU possui firme posição para a necessidade de publicação em quaisquer casos que envolver licitação pelos Estados e Municípios com uso de verba federal, especialmente aqueles repassados via convênio.

Conforme **acórdão 2240, de 2018**, 1ª Câmara[118], *"na hipótese de contratação realizada com recursos oriundos de convênio, a publicação do respectivo extrato em jornal de circulação regional não supre a exigência da Lei 8.666/1993, que impõe a publicidade no Diário Oficial da União, em razão da origem dos recursos."*

No corpo deste acórdão, consta a argumentação *"29. Em que pese a referida lei não tenha exigido que aquela publicação fosse realizada na imprensa oficial da União, como alega o defendente, é certo que se tratando de recursos federais para custear tal contrato o instrumento de publicitação exigido fosse o Diário Oficial da União. E o referido Acórdão 96/2008-TCU-P (indicado inclusive no termo de convênio), transcrito acima, faz a exigência daquele veículo de comunicação no item 9.5.1.2."*

Destarte, o recebimento de recursos federais por convênio determina a aplicação das normativas federais que, por sua vez, exigem a publicação no D.O.U.

---

118 TCU, acórdão 2240/2018, 1º Câmara, Rel. Min. Benjamin Zymler, sessão em 27/03/2018

Nesse contexto, no intuito de cumprir as normas relativas aos convênios federais, deve o convenente publicar, por ocasião da realização de sua licitação, o extrato do edital no Diário Oficial da União; aliás, o padrão dos termos de convênio é exigir essa obrigação.

O parágrafo único do art. 50 da Portaria Interministerial 424, de 2016, "*Art. 50. Os editais de licitação para consecução do objeto conveniado somente poderão ser publicados após a assinatura do respectivo instrumento e aceite do projeto técnico pelo concedente ou pela mandatária. Parágrafo único. A publicação do extrato do edital de licitação deverá ser feita no Diário Oficial da União, em atendimento ao inciso I do art. 21, da Lei nº 8.666, de 1993, sem prejuízo ao uso de outros veículos de publicidade usualmente utilizados pelo convenente.*"

A 1ª Câmara do TCU, no acórdão 6608, de 2019[119], entendeu irregular a não publicação da ratificação da inexigibilidade, em contratações de artista com exclusividade.

Igualmente, no acórdão 1698, 2019, o Plenário do TCU[120], ao analisar a contratação de artista, entendeu haver irregularidade que, somada às demais inconformidades encontradas, determinou o sancionamento dos responsáveis.

No acórdão 1693, de 2019, o TCU/Plenário[121] também entendeu irregular - porém, sem aplicar multa – a não publicação no Diário Oficial da União, do extrato do edital relativo no Pregão Presencial para Registro de Preços 13/2018, conduzido pela Prefeitura XXX, cujo objeto era a eventual aquisição de equipamentos e materiais permanentes e veículo para o Fundo Municipal de Saúde (FMS) decorrente de emendas parlamentares

---

119 TCU, acórdão 6608/2019, 1ª Câmara, Rel. Min. Bruno Dantas, sessão em 30/07/2019

120 TCU, acórdão 1698/2019, Plenário, Rel. Min. Ana Arraes, sessão em 24/07/2019

121 TCU, acórdão 1693/2019, Plenário, Rel. Min. Raimundo Carreiro, sessão em 24/07/2019

Registra-se, na esteira do acórdão 1987, de 2002 , o Plenário do TCU decidiu que *"A publicação do aviso de abertura de licitação conduzida por município e custeada com recursos federais nos diários oficiais do município e do estado não supre a falta de sua publicação no Diário Oficial da União."* No mesmo sentido, mais recentemente, acórdão 5578, de 2018, da 1ª Câmara[122].

Como salientado por Marçal Justen Filho[123], *"O defeito na divulgação do instrumento convocatório constitui indevida restrição à participação dos interessados e vicia de nulidade o procedimento licitatório, devendo ser pronunciado a qualquer tempo."*

27. COMPROVAÇÃO DE CAPACIDADE TÉCNICA EM PERCENTUAL MÍNIMO SUPERIOR A 50%

A forma de comprovação da experiência anterior, no âmbito da qualificação técnico-operacional para obras e serviços de engenharia, consiste na apresentação de atestados fornecidos pelos interessados em face de quem a atividade foi desempenhada[124].

Não é demais repisar que todas as exigências encontram sua legitimidade na indispensabilidade da verificação do mínimo de aptidão do licitante para executar o objeto.

De acordo com o art. 30, II, § 1º, da Lei 8.666, de 1993, na licitação poderá ser exigida documentação relativa à qualifi-

---

122 TCU, acórdão 5578/2018, 1ª Câmara, Rel. Min. Bruno Dantas, sessão em 12/06/2018

123 JUSTEN FILHO, Marçal. Comentários a lei de licitações e contratos. 17ª ed. São Paulo: Revista dos Tribunais, 2016.

124 *Idem.*

cação técnica que comprove a aptidão para o desempenho de atividade pertinente e compatível em características, quantidades e prazos com o objeto da licitação, o que pode ser feito por meio de certidões ou atestados fornecidos por pessoa jurídica de direito público ou privado.

Normalmente, os editais preveem que a capacidade técnica dever ser comprovada mediante a apresentação de atestados que demonstrem a execução pretérita de um percentual mínimo em relação ao quantitativo licitado.

Contudo, é usual haver editais que exijam a comprovação de **quantitativos mínimos em percentual acima de 50%**, prática essa não recomendada pelo TCU, tendo em vista que pode implicar a restrição injustificada de competitividade.

É excepcionalmente possível que se exija quantitativo mínimo acima de 50% quando seja necessidade inerente ao objeto e desde que essa especial circunstância esteja devidamente justificada.

Ainda, o TCU (**acórdão 914, de 2019**[125]) recentemente decidiu que é **obrigatória** a inserção de percentual objetivo que permita ao pregoeiro analisar a presença ou não de capacidade técnica, portanto, recomendamos sempre a inserção de percentual mínimo de aceitação identificado objetivamente e com a motivação idônea.

> *9.3.2. estabeleça no edital da nova licitação, de forma clara e objetiva, os requisitos de qualificação técnica que deverão ser demonstrados pelos licitantes, os quais deverão estar baseados em estudos técnicos os quais evidenciem que as exigências constituem o mínimo necessário à garantia da regular execução contratual, ponderados seus impactos em relação à competitividade do certame;*

Destacamos ainda trecho desta relevante decisão, *"19. A redação do dispositivo acima reproduzido é genérica e não indica as característi-*

---

125 TCU, acórdão 914/2019, Plenário. Rel. Min. Ana Arraes. Sessão de 16/04/2019.

cas que seriam consideradas para fins de avaliação da compatibilidade dos atestados de capacidade técnica apresentados pelos licitantes com o objeto do pregão. Considerando a ausência de parâmetros objetivos no instrumento convocatório, a inabilitação da empresa representante, que apresentou uma série de atestados que comprovavam fornecimentos de medicamentos, não aparenta ser razoável."

Anotamos ademais o fato de que a comprovação de quantitativos mínimos deve recair sobre as parcelas de maior relevância do objeto (TCU, vide tabela abaixo).

Este percentual máximo de 50% está expresso no §1º do art. 65 do Projeto de Lei nº 1262/95, encampando a jurisprudência.

QUANTITATIVO MÍNIMO ACIMA DE 50%	
ACÓRDÃO	**ENTENDIMENTO**
Acórdão TCU nº 515/2018-Plenário	É irregular a exigência de número mínimo de atestados de capacidade técnica, bem como **a fixação de quantitativo mínimo nesses atestados superior a 50% do quantitativo** de bens e serviços que se pretende contratar, exceto nos casos em que a especificidade do objeto recomende a distinção, circunstância que deve ser devidamente justificada
Acórdão TCU nº 3663/2016-Plenário	**É irregular a exigência de atestado de capacidade técnica com quantitativo mínimo superior a 50% do quantitativo de bens e serviços que se pretende contratar**, exceto nos casos em que a especificidade do objeto recomende e não haja comprometimento à competitividade do certame, circunstância que deve ser devidamente justificada no processo licitatório.
Acórdão TCU nº 244/2015-Plenário	A exigência de comprovação da execução de quantitativos mínimos em obras ou serviços com características semelhantes, para fins de atestar a capacidade técnico-operacional, **deve guardar proporção com a dimensão e a complexidade do objeto e recair, simultaneamente, sobre as parcelas de maior relevância e valor significativo. Como regra, os quantitativos mínimos exigidos não devem ultrapassar 50% do previsto no orçamento base,** salvo em condições especiais e devidamente justificadas no processo de licitação.

28. EXIGÊNCIA DE CAT DE PESSOA JURÍDICA

Nas palavras de Hely Lopes Meirelles, a *"qualificação técnica é o conjunto de requisitos profissionais que o licitante apresenta para executar o objeto da licitação"*[126]

De acordo com o art. 30, I, da Lei 8.666, de 1993, pode ser exigido, para fins de comprovação de qualificação técnica, o registro ou inscrição na entidade profissional competente.

Para compreender melhor o tema, vale a leitura de um paradigmático julgado do TCU, que diferencia a **capacidade técnico-operacional** e **capacidade técnico-profissional**:

DIFERENÇA ENTRE CAPACIDADE TÉCNICO-OPERACIONAL E CAPACIDADE TÉCNICO-PROFISSIONAL:		
ACÓRDÃO	**ENTENDIMENTO**	**SIGNIFICADO**
Acórdão TCU nº 1332/2006-Plenário	A qualificação técnica abrange tanto a experiência empresarial (capacidade técnico-operacional) quanto a experiência dos profissionais que irão executar o serviço (capacidade técnico-profissional).	A **capacidade técnico-operacional abrange** atributos próprios da empresa, desenvolvidos a partir do desempenho da atividade empresarial com a conjugação de diferentes fatores econômicos e de uma pluralidade de pessoas.
		A **capacidade técnico-profissional** refere-se à existência de profissionais com acervo técnico compatível com a obra ou serviço de engenharia a ser licitado.

---

126 MEIRELLES, Hely Lopes. Direito administrativo brasileiro. 40ª ed. São Paulo: Malheiros, 2014. p. 333.

É usual que alguns editais exijam que a pessoa jurídica licitante possua Certidão de Acervo Técnico (CAT) registrada ou averbada junto ao Conselho Regional de Engenharia e Arquitetura. Contudo, o CAT somente pode ser exigido do profissional que prestará o serviço, ou seja, deve ser exigido a título de capacidade técnico-profissional.

O art. 55, da Resolução Confea nº 1025/2009 (Dispõe sobre a Anotação de Responsabilidade Técnica e o Acervo Técnico-Profissional), estabelece, que é vedada a emissão de CAT em nome da pessoa jurídica.

O Manual de Procedimentos Operacionais do CONFEA (aprovado pela Resolução nº 1.025, de 30 de outubro de 2009) esclarece, ainda, que *"o atestado registrado no Crea constituirá prova da capacidade técnico-profissional para qualquer pessoa jurídica desde que o profissional citado na CAT (...) o Crea não emitirá CAT em nome da pessoa jurídica contratada para prova de capacidade técnico-operacional por falta de dispositivo legal que o autorize a fazê-lo".*

EXIGÊNCIA DE CAT DE PESSOA JURÍDICA	
ACÓRDÃO	**ENTENDIMENTO**
Acórdão TCU nº 1674/2018-Plenário	É irregular a exigência de que a atestação de capacidade técnico-operacional de empresa participante de certame licitatório seja registrada ou averbada junto ao Crea, uma vez que o art. 55 da Resolução-Confea 1.025/2009 veda a emissão de Certidão de Acervo Técnico (CAT) em nome de pessoa jurídica. A exigência de atestados registrados nas entidades profissionais competentes deve ser limitada à capacitação técnico-profissional, que diz respeito às pessoas físicas indicadas pelas empresas licitantes.

29. RECUSA DE CERTIDÃO POSITIVA COM EFEITOS DE NEGATIVA

Para a habilitação nas licitações, exige-se dos interessados, dentre outros requisitos, apresentação de documentação relativa à regularidade fiscal e trabalhista (art. 27, IV, Lei 8.666, de 1993), o que significa que deve estar demonstrada a prova de quitação dos tributos (federais, estaduais e municipais) e de verbas trabalhistas (na forma do art. 29, I-V, da Lei 8.666, e 1993), o que ocorre mediante a apresentação de certidão negativa, assim como prevê o art. 205 do Código Tributário Nacional- CTN.

O CTN também dispõe, contudo, que as certidões positivas (que certifiquem a existência de dívidas) terão o mesmo efeito que as negativas quando conste a existência de créditos não vencidos, em curso de cobrança executiva em que tenha sido efetivada a penhora, ou cuja exigibilidade esteja suspensa (art. 206). São as certidões positivas com efeito de negativas, que são suficientes para demonstrar a regularidade fiscal do licitante.

Pode ocorrer de um edital não previr a aceitação de certidões positivas com efeito de negativas e da comissão licitante (ou pregoeiro) não aceitar o documento, inabilitando o licitante, o que é um equívoco. Mesmo que não haja essa previsão específica no edital, devem ser aceitas as certidões positivas com efeitos de negativa, pois elas demonstram a regularidade fiscal e trabalhista para todos os fins.

Para fim de habilitação, a Administração Pública não deve exigir dos licitantes a apresentação de certidão de quitação de obrigações fiscais, e sim prova de sua regularidade (**Súmula nº 283 do TCU**).

A expressão *'regularidade'*, e não *'quitação'*, é utilizada nos dispositivos legais do Projeto de Lei nº 1292/95, confira inc. III do art. 61, incs. III, IV e V do art. 66, indicando que a orientação se fará presente nos novos diplomas.

CERTIDÃO POSITIVA COM EFEITOS DE NEGATIVA	
ACÓRDÃO	**ENTENDIMENTO**
Denúncia TCE/MG nº 912.245 /2018	A certidão negativa, exigida no edital, é a negativa para fins de direito, incluindo-se a certidão negativa propriamente dita e a certidão positiva com efeitos de negativa. Nesse contexto, a Administração deve aceitar, no curso do certame, a certidão positiva com efeito de negativa apresentada por qualquer licitante, atribuindo-lhe o mesmo valor da certidão negativa de débito.
Súmula nº 283 do TCU (Acórdão 1613/2013-Plenário)	Para fim de habilitação, a Administração Pública não deve exigir dos licitantes a apresentação de certidão de quitação de obrigações fiscais, e sim prova de sua regularidade

30. EXIGÊNCIA DE PRODUTOS DE "1ª LINHA"

A especificação do objeto – por força do princípio do julgamento objetivo – deverá conter elementos passíveis de verificação, por isso, o TCE/MG tem rechaçado a utilização de expressões como *'primeira linha'*, *'boa qualidade'* que não possam ser auditáveis ou reconhecíveis de modo claro, podendo caracterizar impropriedade na identificação do objeto da licitação. (**TCE, denúncia nº 873402, de 2014**[127]).

É importante que as exigências possam ser delimitadas de modo conciso, claro e preciso para permitir o correto julgamento e a formulação das propostas de custo.

Nos precedentes (**Denúncias nos 932.413**[128], **932.634**[129]), o TCE/MG determinou que a Administração se abstivesse de uti-

---

127 TCEMG, denúncia nº 873402/2014. Rel. Cons. Claudio Terrão. Pub. 21/02/2014

128 TCEMG, denuncia 932413/2018. Rel. Cons. Sebastião Helvecio. Pub. 21/06/2018

129 TCEMG, denuncia 932634/2017. Rel. Cons. José Alves Viana. Pub. 15/09/2017

lizar tais expressões, concluindo que *"cumpre, também, observar que a elaboração do termo de referência, com a especificação do objeto de forma concisa, clara e precisa, como estabelecido pelo inciso II do art. 3º da Lei nº 10.520/02, é muito mais eficaz para garantir a boa qualidade do produto a ser adquirido do que a inclusão de aspectos desprovidos de especificidade como 'primeira linha' e 'boa qualidade'."* (voto do Conselheiro em exercício Gilberto Diniz, exarado na **Denúncia nº 812398**[130]**, sessão do dia 28/09/2010**). Mais recentemente, na denúncia nº 965704[131], **de 2018**, o TCE/MG conclui no mesmo sentido: *"3. Exigência de uso de produto de ¿primeira linha¿ contraria o disposto nos artigos 14 e 15 da Lei nº 8.666/93 e no art. 3º, II, da Lei n. 10.520/2002, pois não constitui definição precisa e suficientemente clara para do objeto licitado, sendo vedado o uso de especificações que, por excessivas, irrelevantes ou desnecessárias, limitem a competição."*.

Na **denúncia nº 880357, de 2017**, o **TCE/MG**[132] recomendou expressamente *"à Administração que se abstenha de inserir nos editais de licitação expressões desse jaez"*.

Mais recentemente, na **Denúncia nº 980567, de 2018**, o **TCE/MG**[133] entendeu como irregular a utilização da expressão *'primeira linha'*, dado seu caráter subjetivo, considerando o estabelecido nas normas da ABNT para peça 'original' e 'genuína'.

De modo geral, recomenda-se que *"a redação do edital de licitação deve ser clara e objetiva, não dando margem à interpretação diversa daquela tencionada pela administração. Adote providências no sentido de garantir a clareza e a objetividade na redação*

---

130 TCEMG, denuncia 812398/2010. Rel. Cons. Gilberto Diniz. Pub. 30/03/2012

131 TCEMG denuncia 965704/2018. Rel. Cons. José Alves Viana. Pub. 20/07/2018

132 TCEMG denuncia 880357. Rel. Cons. Gilberto Diniz. Pub em 18/08/2017

133 TCEMG denuncia 980567. Rel. Cons. Durval Ângelo. Pub. Em 03/12/2018

de editais de licitações, de forma a não suscitar dúvidas em sua interpretação." TCU, acórdão 1633/2007-Plenário. *"e, ainda, seja clara e precisa, de modo a evitar obscuridades, inconsistências ou contradições."* TCU, acórdão 1075/2008-Plenário[134].

Nada obstante, encontramos precedentes favoráveis à utilização destes parâmetros desde que expressamente justificado no edital e seja referência de pleno conhecimento do mercado. **(TCE, denúncia nº 812.261, de 2015[135], recurso ordinário nº 997720, de 2017[136], denúncia nº 942175, de 2017[137]).**

A questão da qualidade do produto é tratada de modo diverso no Projeto de Lei nº 1292/95. Por exemplo, no §6º do art. 17, há permissão para se exigir certificação do Instituto Nacional de Metrologia, Qualidade e Tecnologia como condição para aceitação de *"I – estudos, anteprojetos, projetos básicos e projetos executivos; II – conclusão de fases ou de objetos de contratos; III – adequação do material e do corpo técnico apresentados por empresa para fins de habilitação.",*

O art. 40 vai mais além admitindo a comprovação de qualidade com a apresentação de laudos de qualidade (inc. III), documentos da ABNT e do INMETRO (inc. I), declaração de outros órgãos (inc. II), e mesmo carta de solidariedade (inc. IV).

Não obstante, mantém-se a preocupação quanto a apresentação de critérios subjetivos para apuração desta qualidade com as expressões dúbias de *'1º qualidade'* ou *'1º linha'.*

---

134 TCU, acórdão 1075/2008-Plenário, Rel. Min. Guilherme Palmeira, sessão em 11/06/2008

135 TCEMG denuncia 812261. Rel. Cons. Wanderley Ávila. Pub. Em 11/03/2016

136 TCEMG denuncia 997720. Rel. Cons. José Alves Viana. Pub em 22/09/2017

137 TCEMG denuncia 942175. Rel. Cons. Hamilton Coelho. Pub em 18/08/2017

ACÓRDÃO	ENTENDIMENTO
TCE/MG, denúncia n° 873402/2014	2. A exigência de produto de "primeira linha" configura irregularidade por se tratar de denominação obscura e subjetiva da especificação dos produtos a serem ofertados. Consequentemente, resulta na impropriedade da identificação do objeto da licitação.
TCE/MG, denúncia n° 965704/2018	3. Exigência de uso de produto de "primeira linha" contraria o disposto nos artigos 14 e 15 da Lei n° 8.666/93 e no art. 3°, II, da Lei n. 10.520/2002, pois não constitui definição precisa e suficientemente clara para do objeto licitado, sendo vedado o uso de especificações que, por excessivas, irrelevantes ou desnecessárias, limitem a competição.

31. COMO REGRA, É ADMITIDA A SOMA DE ATESTADOS DE CAPACIDADE TÉCNICO-OPERACIONAL

Conforme reiterada jurisprudência, deverá ser permitida, para fins de comprovação de aptidão para executar o serviço, o somatório de atestados (Poderíamos citar diversos precedentes, **acórdãos n°s 298/2002, 351/2002, 1084/2004, 330/2005, 167/2006, 539/2007, 739/2007, 1.706/2007 e 43/2008, todos do Plenário; acórdãos n°s 1.873/2007 e 1.526/2008, ambos da 2ª Câmara, mais recentemente acórdão n° 5157, de 2015**).

Como regra geral, não é permitido exigir a apresentação de número mínimo de atestados para demonstrar que o licitante já realizou o tipo desejado de serviço: "*o estabelecimento de uma quantidade mínima de atestados fere o preceito constitucional da isonomia, porque desiguala injustamente concorrentes que apresentam as mesmas condições de qualificação técnica. Não se pode inferir que um licitante detentor de um atestado de aptidão é menos capaz do que o licitante que dispõe de dois*". Isso porque "*a capacidade técnica de realizar o objeto existe, independentemente do número de vezes que tenha sido exercitada, ou não existe*". **Acórdão n.° 1593/2010-2ª Câmara**[138].

---

138 Acórdão n.° 1593/2010-2ª Câmara, TC-006.347/2008-6, rel. Min-Subst. André Luís de Carvalho, 13.04.2010.

"*A exigência de um número mínimo de atestados técnicos é medida excepcional, que deve ser adotada exclusivamente quando a especificidade do objeto assim exigir e não houver comprometimento à competitividade do certame, e apenas se devidamente justificada no processo administrativo da licitação.*" **TCU Acórdão 1557/2014-Segunda Câmara.**[139]

Como exceção, nas licitações de serviços de terceirização de mão de obra, '*só deve ser aceito o somatório de atestados para fins de qualificação técnico-operacional quando eles se referirem a serviços executados de forma concomitante, pois essa situação equivale, para comprovação da capacidade técnica das licitantes, a uma única contratação.*' (**TCU, acórdão nº 505, de 2018**[140]). Também para construção predial, o TCU entendeu possível a vedação ao somatório de atestados, '*a depender das peculiaridades do caso concreto e desde que devidamente justificado no procedimento licitatório, o edital pode conter vedação ao somatório de atestados para comprovação de experiência técnico-operacional dos licitantes em construção predial.*' (**TCU, acórdão nº 2362, de 2013 – Plenário**[141])

ACÓRDÃO	ENTENDIMENTO
TCU, acórdão n.º 1231/2012-Plenário	Para o fim de comprovação de capacidade técnica, deve ser aceito o somatório de atestados, sempre que não houver motivo para justificar a exigência de atestado único.
TCU, acórdão nº 7982, de 2017 – 2ª Câmara	A vedação, sem justificativa técnica, ao somatório de atestados para comprovar os quantitativos mínimos exigidos na qualificação técnico-operacional contraria os princípios da motivação e da competitividade.

---

139 TCU Acórdão 1557/2014-Segunda Câmara, TC 033.435/2013-8, relatora Ministra Ana Arraes, 15.4.2014.

140 TCU, acórdão nº 505, de 2018. Rel. Min. Augusto Nardes. Sessão em 14/03/2018

141 TCU, acórdão nº 2362, de 2013 – Plenário. Rel. Min. Walton Alencar Rodrigues. Sessão 04/09/2013

32. EXIGÊNCIA DE REGULARIDADE FISCAL MUNICIPAL

Desde a **nota jurídica n° 2608, de 2010**, a Consultoria Jurídica da Advocacia-Geral do Estado de Minas Gerais entende pelo imperativo de verificação do objeto a ser contratado para fins de inserção da exigência de regularidade fiscal Municipal.

Destarte, as exigências de regularidade fiscal nas licitações deverão ser estabelecidas a partir de critérios de pertinência no tocante à atividade relacionada com o objeto do contrato, em interpretação consonante ao art. 193 do CTN.

Mais recentemente, a Coordenação de Licitações e Contratos da Advocacia-Geral do Estado de Minas Gerais, na **Nota Jurídica n° 44, de 2017**, adotou a mesma orientação permitindo a dispensa da certidão municipal para aquisição de bens e materiais, *'desde que a área técnica identifique; em cada caso, que tal dispensa não represente riscos para a consecução do objeto'*.

No mesmo sentido, Parecer n° 03/2014/CPLC/DEPCONSUL/ PGF/AGU concluiu que *'a partir dessas considerações, por meio de uma interpretação sistemática, em conformidade com as regras e princípios constitucionais, outra leitura do inc. III, do art. 29, da Lei 8666/93 não é possível, se não aquela no sentido de que exigência da regularidade fiscal se restringe aos tributos de responsabilidade da Fazenda interessada na contratação e àqueles atinentes à atividade ou objeto a ser contratado'*. Repare que o art. 4°, inc. XII da Lei 10520, de 2002, utiliza a expressão, *'quando for o caso'*.

O STJ, no **Resp. n° 809262/RJ**, entendeu que *'isentar a recorrente de comprovar sua regularidade fiscal perante o Município que promove a licitação viola o princípio da isonomia (Lei 8.666/93, art. 3°), pois estar-se-ia privilegiando o licitante irregulares em detrimento dos concorrentes regulares'*.

No Projeto de Lei n° 1292/95, o inc. III do art. 66, manteve a mesma redação do inc. III art. 29 da Lei 8.666, de 1993.

33. EXIGÊNCIA DE CERTIDÃO DE QUITAÇÃO NA ENTIDADE PROFISSIONAL COMPETENTE - ARTIGO 30, INCISO I, DA LEI FEDERAL N. 8666/93

O TCU é pacífico ao entender como *"ilegal a exigência, para fins de habilitação, de comprovação de adimplência junto ao conselho de fiscalização profissional ao qual a empresa e os profissionais estejam registrados."* (**TCU, acórdão nº 1447, de 2015 – Plenário**[142]), considerando que a Lei 8.666, de 1993, impõe apenas o registro ou a inscrição no Conselho Profissional, mesmo porque o pagamento das contribuições não interfere na aptidão da futura contratada, sendo irrelevante a comprovação de estar quites com o respectivo Conselho de Classe.

Destarte, o fundamento de validade do art. 30, inc. I, da Lei 8666, de 1993, é a comprovação de documentação relativa à qualificação técnica, ou seja, demonstração de aptidão efetiva para executar o objeto, presumindo-se que *"o exercício da atividade técnica será efetivado satisfatoriamente por parte daqueles que se encontrem inscritos perante as entidades profissionais"* (Marçal Justen Filho, Comentários. 16 ed., Revista dos Tribunais, 2014 – p. 578).

Como bem comentado no **acórdão nº 1357, de 2018, Plenário**[143], *'17. O entendimento contido no Acórdão 1908/2008-TCU-Plenário já foi modificado, tendo sido fundado apenas na literalidade do art. 69 da Lei 5.194/66, sem considerar*

---

142 TCU, acórdão 1447, de 2015 – Plenário. Rel. Min. Augusto Sherman. Sessão em 10/06/2015

143 TCU, acórdão 1357, de 2018, Plenário. Rel. Min. Augusto Nardes. Sessão em 13/06/2018

a revogação tácita decorrente dos critérios de sucessão temporal (lex posterior) e especialidade (lex specialis) na esfera de licitações públicas, com a edição do Decreto-Lei 2.300/1986 e da Lei 8.666/1993, exigindo apenas a inscrição na entidade profissional competente (art. 30, I da Lei 8.666/93).'

No mesmo sentido, **TCU, 2ª Câmara, acórdão nº 7982, de 2017**[144], com o enunciado de que *"a exigência de prova de quitação da licitante e de seus responsáveis técnicos junto ao conselho de fiscalização profissional viola o art. 30, inciso I, da Lei 8.666/1993"*. Confira também **acórdão nº 2126, de 2016, Plenário**[145].

Mais recente, mantendo a orientação, acórdão 2472, de 2019, 1ª Câmara[146], inclusive salientando que *"o disposto no art. 69 da Lei 5.194/1966, que regulamenta o exercício dos profissionais de engenharia, não pode prevalecer diante do art. 37, inciso XXI, da Constituição Federal, nem da própria Lei 8.666/1993 (norma geral)."*

O Projeto de Lei nº 1292/95, nos inc. I e V do art. 65, mantém a referência a *registro*; portanto, a orientação se manterá no futuro, vedando a exigência de quitação.

ACÓRDÃO TCU	ENTENDIMENTO
Acórdão nº 1447/2015 – Plenário	9.2.4. a exigência, para fins de habilitação, de comprovação de adimplência junto ao conselho de fiscalização profissional ao qual a empresa e os profissionais estejam ligados encontra-se em desacordo com o art. 30, inciso I, da Lei 8.666/93;
Acórdão 1357/2018 – Plenário	9.3.2. adotar critérios de inabilitação de empresas licitantes com base na falta de quitação de anuidades do Crea, tendo em vista que tal procedimento contraria o art. 30, inciso I, da Lei 8.666/1993;

---

144 TCU, acórdão 7982, de 2017, 2ª Câmara. Rel. Min. Ana Arraes. Sessão em 29/08/2017

145 TCU, acórdão 2126/2016, Plenário. Rel. Min. Augusto Sherman sessão em 17/08/2016

146 TCU, acórdão 2472/2019, 1ª Câmara, Rel. Min. Augusto Sherman, sessão em 19/03/2019

34. REGRA EDITALÍCIA RESTRITIVA DE COMPETITIVIDADE: PROIBIÇÃO DE PARTICIPAÇAÕ DE EMPRESAS EM RECUPEÃÇÃO JUDICIAL

Desde o **Parecer nº 397, de 2015**, a Coordenação de Licitações e Contratos da Advocacia-Geral do Estado de Minas Gerais entendeu pela não inserção da expressão *'recuperação judicial'* como causa impeditiva de participação em licitação, considerando os fins do instituto elencados no art. 47 da Lei Federal nº 11.101, de 2005, "*a recuperação judicial tem por objetivo viabilizar a superação da situação de crise econômico-financeira do devedor, promovendo a preservação da empresa, sua função social e o estímulo à atividade econômica*".

Segue-se a linha orientativa do c. **STJ, no MC nº 23499/RS**, de 19 de dezembro de 2014.

Mais recentemente, o c. **STJ, no AREsp nº309867/ES**, entendeu que "*4. Inexistindo autorização legislativa, incabível a automática inabilitação de empresas submetidas à Lei n. 11.101/2005 unicamente pela não apresentação de certidão negativa de recuperação judicial, principalmente considerando o disposto no art. 52, I, daquele normativo, que prevê a possibilidade de contratação com o poder público, o que, em regra geral, pressupõe a participação prévia em licitação. 5. O escopo primordial da Lei n. 11.101/2005, nos termos do art. 47, é viabilizar a superação da situação de crise econômico-financeira do devedor, a fim de permitir a manutenção da fonte produtora, do emprego dos trabalhadores e dos interesses dos credores, promovendo, assim, a preservação da empresa, sua função social e o estímulo à atividade econômica. 6. A interpretação sistemática dos dispositivos das Leis n. 8.666/1993 e n. 11.101/2005 leva à conclusão de que é possível uma ponderação equilibrada dos princípios nelas contidos, pois a preservação da empresa, de sua função social e do estímulo à* *atividade econômica atendem também, em última análise, ao interesse da coletividade, uma vez que se busca a manutenção da fonte produtora, dos postos de trabalho e dos interesses dos credores. 7. A exigência de apresentação de certidão negativa de recuperação judicial deve ser relativizada a fim de possibilitar à empresa em recuperação judicial participar do certame, desde que demonstre, na fase de habilitação, a sua viabilidade econômica."*

Também no ano de 2018, o TCE/MG caminhou no mesmo sentido, entendendo como irregular o impedimento de participação em licitação de empresas em recuperação judicial, *'é irregular o impedimento de participação no certame de empresas em recuperação judicial, devendo ser acrescentado no ato convocatório a aceitação de certidão positiva de recuperação judicial. E no caso de empresa enquadrada nesta condição vencer o certame, a Administração deverá proceder a diligências para que a licitante comprove sua capacidade econômico-financeira para assumir o contrato.'* (**Denúncia n° 1031209**[147]).

Como *lege lata ferenda*, o Projeto de Lein°1292/95, no inc. II do art. 67, é expresso ao exigir certidão negativa de recuperação judicial. Apesar de cedo para apresentar interpretações; por certo haverá debates, porque o art. 47 da Lei n° 11.101/05 possui dimensão principiológica mais ampla, de modo que a recuperação judicial objetiva permitir a continuidade da atividade econômica; portanto, esse retrocesso da disposição do projeto de lei, mais do que mera previsão legislativa, deve ser interpretado harmoniosamente aos objetivos da Lei de 2005, ou seja, a exigência de certidão negativa de recuperação judicial, quando muito, seria cabível apenas naqueles objetos cuja execução se prolongará por longos lapsos temporais nas quais a Administração poderia ter suas atividades prejudicadas, mesmo assim, com extrema reserva a essa exigência, que implica contradição com o espírito do instituto da recuperação judicial.

---

147 TCEMG denuncia 1031209. Rel. Cons. Wanderley Ávila. Pub em 24/04/2018

ACÓRDÃO TCE/MG	ENTENDIMENTO
Denúncia nº 1031209/2018	DENÚNCIA. REFERENDO. PREGÃO PRESENCIAL. PRESTAÇÃO DE SERVIÇOS TÉCNICOS ESPECIALIZADOS DE CESSÃO E DIREITO DE USO DE SOFTWARES INTEGRADOS DE GESTÃO PÚBLICA MUNICIPAL. IMPEDIMENTO DE PARTICIPAÇÃO NO CERTAME DE EMPRESAS EM RECUPERAÇÃO JUDICIAL. PRESENÇA DOS REQUISITOS DA PROBABILIDADE DO DIREITO E DO PERIGO DE DANO. SUSPENSÃO LIMINAR DO CERTAME. DECISÃO MONOCRÁTICA REFERENDADA. É irregular o impedimento de participação no certame de empresas em recuperação judicial, devendo ser acrescentado no ato convocatório a aceitação de certidão positiva de recuperação judicial. E no caso de empresa enquadrada nesta condição vencer o certame, a Administração deverá proceder a diligências para que a licitante comprove sua capacidade econômico-financeira para assumir o contrato.

35. EXIGÊNCIA DE DOCUMENTO DE TERCEIRO

Dentre os documentos de habilitação, não poderão ser incluídos aqueles que deverão ser produzidos por pessoas que não participam da licitação porque o licitante estaria à mercê de terceiros estranhos para que suas propostas fossem aceitas.

A matéria está sumulada no **TCE/SP** no enunciado nº 15: *"em procedimento licitatório é vedada a exigência de qualquer documento que configure compromisso de terceiro alheio à disputa"*.

Nesse diapasão, são vedados: a) *"A exigência de declaração do fabricante, carta de solidariedade ou credenciamento, como condição para habilitação de licitante"* (**TCU, acórdão nº 1805, de 2015, Plenário**[148]); b) *"a exigência de que a licitante seja credenciada, autorizada, eleita, designada, ou outro instituto*

---

148 TCU, acórdão 1805/ 2015, Plenário. Rel. Min. Weder de Oliveira. Sessão de 22/07/2015

similar, pelo fabricante para fornecer, instalar, dar suporte e configurar os equipamentos que constituam o objeto da licitação, tendo em vista tratar-se de condição que restringe indevida e desnecessariamente o caráter competitivo do certame, contrariando os arts. 3º, § 1º, inc. I, e 30 da Lei 8.666/1993;" (**TCU, acórdão nº 4300, de 2009, 2ª Câmara**[149]); c) *"a exigência de declaração de compromisso de solidariedade do fabricante do produto como condição para habilitação."* (**TCU, acórdão nº 1879, de 2011, Plenário**[150]).

O TCE/MG é pródigo em decisões nesse sentido: **na denúncia nº 911655**[151], publicada em 25 de outubro de 2018, entendeu que '*10. A exigência de profissional com certificação emitida pela empresa fabricante do software ofertado, configura compromisso de terceiro alheio à disputa, contrariando o disposto no art. 3º, § 1º, inciso I da Lei 8.666/93.*'

Como dito acima, o inc. IV do art. 40 do Projeto de Lei nº 1292/95 é expresso ao permitir a exigência de *"carta de solidariedade emitida pelo fabricante, que assegure a execução do contrato, no caso de licitante revendedor ou distribuidor.*", todavia, a disposição apenas é ilustrativa como *lege lata ferenda*, porque atualmente não se pode exigir nenhuma documentação de terceiro alheio à disputa.

Registra-se que os certificados de qualidade e laudos laboratoriais de terceiros possuem sérias restrições atualmente, mas serão permitidos conforme disposição no mesmo art. 40, se aprovada a lei.

---

149 TCU, acórdão 4300/ 2009, 2ª Câmara. Rel. Min. Aroldo Cedraz. Sessão de 25/08/2009

150 TCU, acórdão 1879/ 2011, Plenário. Rel. Min. Augusto Nardes. Sessão de 20/07/2011

151 TCEMG denuncia 911655/ 2018, Rel. Cons. José Alves Viana. Sessão de 25/10/2018

ACÓRDÃO	ENTENDIMENTO
TCE/MG, Agravo n. 944.809/2015	É vedada a exigência de qualquer documento que configure compromisso de terceiro em procedimento licitatório.
TCE/MG, Denúncia nº 911655/2018	10. A exigência de profissional com certificação emitida pela empresa fabricante do software ofertado, configura compromisso de terceiro alheio à disputa, contrariando o disposto no art. 3º, § 1º, inciso I da Lei 8.666/93.
TCU, Acórdão 2613/2018, Plenário	A exigência de declaração do fabricante atestando que a licitante está autorizada a comercializar os seus equipamentos e capacitada a prestar o suporte técnico necessário, como requisito de habilitação, somente é admitida em casos excepcionais, quando for imprescindível à execução do objeto, situação que deverá ser tecnicamente justificada no processo licitatório.
TCU, Acórdão 2301/2018, Plenário	Nas licitações para contratação de serviços de TI, é irregular a exigência de declaração de credenciamento de fabricantes de *hardware* e *software* como requisito de habilitação técnica sem expressa justificativa no processo licitatório e sem prévio exame do impacto dessa exigência na competitividade do certame.

36. PREVISÃO DE RETENÇÃO DE PAGAMENTO EM CASO DE IRREGULARIDADE FISCAL

Eventual situação de irregularidade fiscal da contratada não impede o pagamento, se o fornecimento tiver sido prestado e atestado, diante da ausência de permissivo legal para a retenção de pagamento.

Tal hipótese ensejará, entretanto, a adoção das providências tendentes ao sancionamento da empresa e rescisão contratual (TCU Acórdão 2079/2014-Plenário[152], e TCE consulta n. 862.776[153]).

---

152 TCU Acórdão 2079/2014-Plenário, TC 013.367/2014-5, relator Ministro-Substituto Augusto Sherman Cavalcanti, 6.8.2014.

153 TCE consulta n. 862.776 Relatora: Conselheira Adriene Andrade. Pub em 26/09/2012.

Como bem exposto pela Relatoria Conselheira no julgado acima, *"2. Cumprida a prestação devida pelo contratado, não se admite retenção de pagamento em razão da não manutenção da regularidade fiscal com a Fazenda Pública, por constituir ofensa ao princípio da legalidade".*

Na argumentação a relatora colaciona ainda duas outras decisões do c. STJ no mesmo sentido: *"1 — STJ. RMS 24.953/CE, em 04/03/2008. Rel. Min. Castro Meira. DJ 17/3/2008: [...] Pode a Administração rescindir o contrato em razão de descumprimento de uma de suas cláusulas e ainda imputar penalidade ao contratado descumpridor. Todavia, a retenção do pagamento devido, por não constar do rol do art. 87 da Lei n. 8.666/93, ofende o princípio da legalidade, insculpido na Carta Magna. 2 — STJ. REsp. 633.432/ MG. Rel. Min. Luiz Fux, 22/02/2005: [...] Deveras, não constando do rol do art. 87 da Lei 8.666/93 a retenção do pagamento pelos serviços prestados, não poderia a ECT aplicar a referida sanção à empresa contratada, sob pena de violação ao princípio constitucional da legalidade. Destarte, o descumprimento de cláusula contratual pode até ensejar, eventualmente, a rescisão do contrato (art. 78 da Lei de Licitações), mas não autoriza a recorrente a suspender o pagamento das faturas e, ao mesmo tempo, exigir da empresa contratada a prestação dos serviços."*

Aspecto diverso é a possibilidade de retenção de pagamentos devidos à contratada em relação aos valores correspondentes às obrigações trabalhistas e previdenciárias inadimplidas, derivadas da própria relação contratual. (**TCU, Acórdãos nºs 3301/2015-Plenário**[154] **e 1671/2017 – Plenário**[155]), ou seja, é possível a retenção de valores para pagamento de obrigações trabalhistas e previdenciárias **correspondentes e derivadas daquele contrato**, mas não é permitida a **retenção de pagamento**

---

154 TCU, acórdão nº 3301/2015-Plenário, Rel. Min Walton Alencar Rodrigues, Sessão em 09.12.2015

155 TCU, acórdão 1671/2017 – Plenário, Rel. Min. José Mucio Monteiro, 02.08.2017

'*em face da não comprovação da regularidade fiscal e social*' de modo indistinto e sem relacionamento com a execução daquele contrato (**Acórdão 2079/2014-Plenário**[156]).

Nesse sentido, '*a perda da regularidade fiscal no curso de contratos de execução continuada ou parcelada justifica a imposição de sanções à contratada, mas não autoriza a retenção de pagamentos por serviços prestados*'. (**TCU, Acórdão n.º 964/2012-Plenário**[157]).

Não observamos disposições expressas no PProjeto de Lei nº 1292/95, todavia, o inc. V do art. 48, encampando posição jurisprudencial, prevê apresentação de documentos específicos, entre eles, o "*recibo de quitação de obrigações trabalhistas e previdenciárias dos empregados dispensados até a data da extinção do contrato.*", indicando, talvez, em intepretação da lei, que a retenção de pagamento por serviços efetivamente prestados será indevida, salvo no caso do inc. IV do art. 137 (atual inc. IV do art. 80).

ACÓRDÃO	ENTENDIMENTO
TCU Acórdão 3301/2015-Plenário	É lícita a previsão contratual de retenção pela Administração de pagamentos devidos à contratada em valores correspondentes às obrigações trabalhistas e previdenciárias inadimplidas, incluindo salários, demais verbas trabalhistas e FGTS, relativas aos empregados dedicados à execução do contrato.
TCE consulta n. 862.776/2012	2. Cumprida a prestação devida pelo contratado, não se admite retenção de pagamento em razão da não manutenção da regularidade fiscal com a Fazenda Pública, por constituir ofensa ao princípio da legalidade.

---

156 TCU, acórdão 2079/2014-Plenário, Rel.Min. Augusto Sherman Cavalcanti, 6.8.2014

157 TCU, Acórdão 964/2012-Plenário, Rel. Min. Walton Alencar Rodrigues, 25.4.2012

37. ALTERAÇÃO DO EDITAL SEM PUBLICAÇÃO E DEVOLUÇÃO DE PRAZO

Quaisquer alterações do edital que importem em alteração potencial da proposta de preços implica a necessária republicação pelos mesmos meios, prazos e modo (§4º do art. 21 da Lei 8.666, de 1993), ainda que todos os licitantes tenham sido individualmente comunicados da modificação (TCU, **acórdão nº 1608, de 2015, Plenário**[158]).

Nesse sentido, são casos de republicação a) se o esclarecimento importar em aceitação de propostas com exigência distintas das previstas no edital (TCU, **acórdão nº 548, de 2016 – Plenário**[159]) ou impactar na formulação das propostas (TCU, **acórdão nº 702, de 2014 – Plenário**[160]); b) se for excluída determinada exigência (TCU, **acórdão nº 1608, de 2015 – Plenário**[161]) ou modificação dos critérios inicialmente fixados (TCU, **acórdão nº 2898, de 2012 – Plenário**[162]); c) se houver alteração do critério de julgamento (TCU, **acórdão nº 1873, de 2014 – Plenário**[163]); d) se repercutir substancialmente

---

158 TCU, acórdão 1608, de 2015, Plenário, Rel. Min. Benjamin Zymler, sessão em 01/07/2015

159 TCU, acórdão 548, de 2016 – Plenário, Rel. Min. José Mucio Monteiro, sessão em 09/03/2016

160 TCU, acórdão 702, de 2014 – Plenário, Rel. Min. Valmir Campelo, sessão em 26/03/2014

161 TCU, acórdão 1608, de 2015 – Plenário, Rel. Min. Benjamin Zymler, sessão em 01/07/2015

162 TCU, acórdão 2898, de 2012 – Plenário, Rel. Min. José Jorge, sessão em 24/10/2012

163 TCU, acórdão 1873, de 2014 – Plenário, Rel. Min. José Jorge, sessão em 16/07/2014

no planejamento das empresas interessadas (**TCU, acórdão n° 2561, de 2013, Plenário**[164]); e) se for alterada exigência de comprovação de qualificação técnica (**TCU, acórdão n° 2057, de 2013, Plenário**[165]).

O parágrafo único do art. 53 do Projeto de Lei n° 1292/95 mantém a mesma orientação.

ACÓRDÃO	ENTENDIMENTO
TCU, acórdão n° 1608/2015, Plenário	É necessária a republicação do edital de licitação e a consequente reabertura de prazo para apresentação de novas propostas mesmo na situação em que tenha sido excluída exigência de qualificação técnica e todos os licitantes tenham sido individualmente comunicados da modificação.
TCU, acórdão 157/2012, Plenário	Devem ser reabertos os prazos estabelecidos em edital sempre que modificadas as condições de formulação das propostas, quer por acréscimo, alteração ou supressão de cláusulas diretamente no edital, quer pela divulgação de retificação ou interpretação que possa alterar a percepção dos potenciais interessados acerca de comandos contidos no instrumento convocatório e seus anexos.

---

164 TCU, acórdão 2561, de 2013, Plenário, Rel. Min. André de Carvalho, sessão em 18/09/2013

165 TCU, acórdão 2057, de 2013, Plenário, Rel. Min. Benjamin Zymler, sessão em 07/08/2013

38. EXIGÊNCIA DE CÓPIA DE CONTRATO OU NOTA FISCAL JUNTO AOS ATESTADOS DE CAPACIDADE TÉCNICA

Conforme decidido pelo TCU, "*não há previsão legal, para fins de qualificação técnica, da apresentação de notas fiscais para comprovação dos atestados de capacidade técnica. Contudo, é faculdade da comissão de licitação ou do pregoeiro realizar diligências para verificar a fidedignidade dos documentos apresentados pela licitante.*" (**TCU, acórdão nº 1385, de 2016 – Plenário**[166]). No mesmo sentido, **acórdão nº 944, de 2013, Plenário**[167].

Os documentos de qualificação técnica deverão se restringir àqueles previstos na legislação que rege a matéria, sendo vedada a inclusão de novos (**TCU, acórdão nº 1224, de 2015 – Plenário**[168]). A relação de documentos constante dos artigos 27 a 31 da Lei 8.666/1993 é taxativa (**TCU, decisão nº 739, de 2001**[169] e acórdãos 597, de 2007- Plenário[170] e 1.564, de 2015-2ª Câmara[171]).

---

166 TCU, acórdão 1385/ 2016 – Plenário, Rel. Min. José Mucio Monteiro, sessão em 01/06/2016

167 TCU, acórdão 944/ 2013, Plenário, Rel. Min. Benjamin Zymler, sessão em 17/04/2013

168 TCU, acórdão 1224/ 2015 – Plenário, Rel. Ana Arraes, sessão em 20/05/2015

169 TCU, decisão 739/ 2001, Plenário, Rel. Min. Ubiratan Aguiar, sessão em 12/09/2001

170 TCU, acórdão 597/ 2007- Plenário, Rel. Min. Marcos Bemquerer, sessão em 11/04/2007

171 TCU, acórdão 1564/2015, 2ª Câmara, Rel. Min. Ana Arraes, sessão em 14/04/2015

Mesmo não sendo encontrada disposição expressa no Projeto de Lei nº 1292/95, nele utiliza-se a expressão *'restrita'* no *caput* do art. 65, indicando que se manterá a vedação para inclusão de outros documentos não previstos expressamente na lei, para comprovação da qualificação técnica.

ACÓRDÃO	ENTENDIMENTO
Acórdão 1385/2016 – Plenario	Não há previsão legal, para fins de qualificação técnica, da apresentação de notas fiscais para comprovação dos atestados de capacidade técnica. Contudo, é faculdade da comissão de licitação ou do pregoeiro realizar diligências para verificar a fidedignidade dos documentos apresentados pela licitante.

39. VEDAÇÃO A BALANÇO PROVISÓRIO. PERMISSÃO DE BALANÇO INTERMEDIÁRIO

Conforme entendimento firmado por esta Coordenação de Licitações e Contratos da Advocacia-Geral do Estado de Minas Gerais, na **nota jurídica nº 282, de 2018**, *"Não há vedação legal à apresentação de balanços intermediários para fins de qualificação econômico-financeira em licitação, desde que se comprove que o estatuto social da empresa autoriza sua emissão. (TCU, acórdão nº 2994, de 2016). Pode o licitante apresentar balanços intermediários, no curso do exercício, a fim de retratar a atual posição econômico-financeira da empresa, desde que haja autorização por seu ato constitutivo ou na legislação que disciplina a espécie societária que o licitante se enquadre. Deve a Comissão licitante avaliar, para fins de qualificação econômico-financeira se o estatuto social da empresa permite a utilização de balanço intermediário, conforme dispõe a Lei 6.404/1976".*

Segundo Marçal Filho Justen, "(...) *A vedação da substituição de balanço patrimonial, exigido pelo inc. I por balanço provisório não se aplica com relação aos balanços intermediários. Não se confunde balanço provisório com balanço intermediário. Aquele consiste em uma avaliação precária, cujo conteúdo não é definitivo. O balanço provisório admite retificação ampla posterior e corresponde a um documento sem maiores efeitos jurídicos. Já o balanço intermediário consiste em um documento definitivo, cujo conteúdo retrata a situação empresarial no curso do exercício. A apresentação do balanço intermediário poderá ser feita pelo licitante para demonstrar que a empresa possui capacidade econômico-financeira mais elevada que ela tinha no balanço patrimonial anterior (...) A figura do balanço intermediário deverá estar prevista no estatuto ou decorrer de lei".* [172]

No Projeto de Lei nº 1292/95, não encontramos disposição sobre a permissão de balanço intermediário, todavia, por ser instrumento legal permitido, a sua aceitação não poderá sofrer óbice, mantendo-se a aplicação da Lei 6404/76 sobre o assunto, sob pena de negarmos vigência a este diploma.

ACÓRDÃO	ENTENDIMENTO
TCU, Acórdão nº 2994/2016-Plenário	13. Veja-se, não há vedação para a apresentação de balanços intermediários e não existem, portanto, motivos para a comissão licitante, de pronto, rechaçá-los. O procedimento correto seria a comissão cotejá-los para fins de qualificação econômico-financeira e avaliar se o estatuto social da empresa que deles se utilizou autorizava sua emissão, conforme dispõe a Lei 6.404/1976.
TCU – ACÓRDÃO Nº 484/2007-Plenário	127. Ademais, ostenta o demonstrativo apresentado pela empresa características de balanço provisório, figura vedada pelo sobredito art. 31, inciso I, da Lei n.º 8.666/1993

---

172 Comentários à lei de licitações e contratos administrativos. 16.. ed. São Paulo: Revista dos Tribunais, 2014, 632.

40. VEDAÇÃO DE PARTICIPAÇÃO DE SOCIEDADE ESTRANGEIRA

Seguindo a conclusão de Willian Romero, *in* Participação de empresas estrangeiras em licitação no Brasil. Informativo Justen, Pereira, Oliveira e Talamini, Curitiba, nº 133, março de 2018, *'diante do que foi brevemente exposto, conclui-se que as empresas estrangeiras sem autorização para funcionamento no Brasil podem participar de licitações brasileira, mesmo que não realizadas com recursos internacionais (art. 32, §6º, da Lei 8666, de 1993), desde que tais licitações tenham por objeto prestações que não impliquem a incidência da vedação do art. 1134 do Código Civil. Em tais condições, a participação de estrangeiros sem autorização de funcionamento é amparada pelo art. 32, §4º da Lei 8.666/93. Porém, caso o objeto contratual envolva funcionamento no Brasil conforme definido pelo art. 1134 do Código Civil, a participação de empresas estrangeiras pressuporá a autorização, cuja apresentação será exigível na forma do art. 28, inc. V, da Lei 8.666/93'.*

No Projeto de Lei nº 1292/95, em análise perfunctória do §1º do art. 90 parece indicar que a orientação se manterá.

41. GARANTIA DO FABRICANTE, CONVENCIONAL E LEGAL

O art. 62, §4º da Lei 8.666/93 é taxativo ao determinar que somente seja possível à Administração substituir o contrato por documento equivalente, quando a compra se der com entrega imediata e sem a existência de obrigação futura.

Por ser uma norma que excepciona uma determinação legal, deve possuir interpretação restritiva. *"Quando um ato dispensa de praticar o estabelecido em lei, regulamento, ou ordem geral, assume o caráter de exceção, interpreta-se em tom limitativo [...]"* MAXIMILIANO, Carlos. Hermenêutica e aplicação do direito. Rio de Janeiro: Forense, 2007 – p. 191.

Existem, basicamente, dois tipos de garantias, a primeira legal e a segunda convencional.

No caso das garantias legais, o termo é dispensável justamente porque a obrigação do fornecedor decorre diretamente da legislação, nesse sentido Justen Marçal Filho: *"A lei refere-se à hipótese de ausência de obrigações futuras (inclusive envolvendo assistência técnica) para o contratado. Obviamente, a regra legal não se refere à previsão de garantia pelos vícios ocultos, evicção etc. Essas decorrências são automáticas e dispensam expressa previsão contratual. Logo, a omissão do instrumento contratual não acarretaria a inaplicação das regras legais.".*

A garantia legal é inerente ao produto, decorre de lei, portanto, automática e obrigatória, independente da vontade, sendo inclusive vedada a exoneração por meio de contrato (art. 24 da Lei 8078, de 1990).

Ao contrário, as partes podem convencionar uma garantia complementar (adicional à legal – art. 50 da Lei 8078, de 1990) com seus aspectos peculiares (por exemplo, âmbito de extensão, causas de escusas ou exclusão da garantia, momento e forma de exigência etc.); com isso, por ser ato direto da vontade, precisa estar regulamentada expressamente em instrumento próprio que especifique suas cláusulas, nos termos do parágrafo único do art. 50, que vale a transcrição: *"O termo de garantia ou equivalente deve ser padronizado e esclarecer, de maneira adequada em que consiste a mesma garantia, bem como a forma, o prazo e o lugar em que pode ser exercitada e os ônus a cargo do consumidor, devendo ser-lhe entregue, devidamente preenchido pelo fornecedor, no ato do fornecimento, acompanhado de manual de instrução, de instalação e uso do produto em linguagem didática, com ilustrações."*

Assim, basicamente, as garantias legais dispensam o termo e as garantias convencionais exigem o termo que especifique exatamente quais as exigências da administração, sempre decorrentes do pressuposto básico de validade que é a necessidade da Administração e vinculadas ao indispensável para boa execução do objeto.

Não obstante, aprofundando, existe outro subtipo de garantia convencional que, apesar de ser um ato de liberalidade/voluntariedade, é derivada exclusivamente do fabricante (e não do fornecedor) para os seus produtos. Essa garantia também **pode dispensar o termo por ser indistinta, obrigatória** (porque integra sua oferta), representando verdadeira vantagem consumerista decorrente dos excelentes produtos ofertados.

Em consulta respondida pelo Tribunal de Contas do Estado de Mato Grosso do Sul, processo 2011TC/58728, o assunto foi amplamente analisado, tendo a Assessoria Jurídica do Consulente ponderado que *'a garantia de fábrica deve ser entendida como* **aquela natural do produto,** *comum, ofertada a todos os consumidores por meio de termo de garantia ou instrumento semelhante com o escopo de certificar sua integralidade e confiabilidade'.*

Arrematando o Ministério Público junto ao TCE/MS, *'Não, a garantia de assistência técnica fornecida pelo fabricante não obriga necessariamente à elaboração do termo de contrato nas contratações em que a Administração Pública puder substitui-lo por outros instrumentos hábeis...'*

Em conclusão ao questionamento (se é necessária a elaboração de Termo de contrato com fornecedor quando a aquisição do produto tem garantia de assistência técnica fornecida pelo fabricante?), registrando que está bem identificada a figura do fornecedor e da garantia indistinta determinada pelo fabricante para todos os seus produtos, responde o TCE/MS: *'No caso, o 'padronizado termo escrito' (ou certificado) que o fornecedor deve preencher e entregar ao consumidor no ato da tradição do produto cumprindo as prescrições do parágrafo único do art. 50 do CDC é suficiente para a garantia complementar à legal, resul-*

tando assim desnecessário lavrar a parte mais um instrumento formal de contrato para cumprir a mesma finalidade (...) Voto conclusivamente para responder NÃO à pergunta do consulente (...) Mas deve ser esclarecido que diante do interesse ou da necessidade de o consulente contratar outra garantia cabível ao produto, ou contratar a ampliação da garantia complementar á legal que lhe seja outorgada nos termos do disposto no art. 50 do CDC deve ser formalizada apropriadamente a contratação, pois que em qualquer de tais casos é exigida a instrumentalização formal ou o 'termo' do contrato, sem viabilidade de dispensa'.

Ora, aquela garantia, apesar de convencional, é determinada pelo fabricante pelos seus produtos também dispensa o termo de contrato porque, segundo o art. 50 do CDC, o termo escrito padronizado (certificado) é indistinto, aplicável a todos os consumidores, constituindo-se de instrumento formal suficiente para garantir a exequibilidade da obrigação.

É importante frisar, por outro lado, a decisão no **acórdão nº 2406, de 2015, 2ª Câmara**[173], na qual a relatora Ministra Ana Arraes ponderou que '*[...] 23. Em regra existem três tipos de garantia, a legal, a contratual e a estendida. Nesse sentido tem-se que a garantia legal não pode ser modificada nem restringida, é de 90 dias para bens duráveis, e abrange todos os componentes do bem adquirido. Quanto à garantia contratual, entende-se que é ofertada pelo fabricante após o decurso do prazo da garantia legal, é, portanto, um benefício inerente a cada fabricante e pode ser modificado. Sendo assim, exigir que o fabricante do equipamento de informática ofereça a garantia contratual à empresa licitante é, em síntese, condicionar que somente as empresas licitantes capazes de conseguir esse benefício participem do certame, haja vista que não há padronização expressa em normativo legal voltada para os fabricantes de equipamentos de informática, estabelecendo o prazo de cinco anos como garantia contratual. Nesse sentido, tem-se que*

---

173 TCU, acórdão 2406/2015, 2ª Câmara, Rel. Min. Ana Arraes, sessão em 12/05/2015

somente as licitantes que venham a obter a possibilidade de contratar a garantia estendida junto aos fabricantes podem participar do certame, estando excluídas as demais que não lograrem êxito junto aos fabricantes, sendo os mesmos ou não. Assim, o prazo mínimo de garantia a ser exigido deve ser o usual dos fabricantes, que geralmente compreende o período de doze meses a partir da data da aquisição. Portanto, a presente análise posiciona-se no sentido de que essa exigência restringe de forma irregular a competição, pois não encontra amparo legal para o objeto em tela.'

O edital não pode exigir dos licitantes determinada garantia específica de alguns fabricantes (terceiros), mas apenas exigir que a garantia eventualmente dada pelo fabricante ordinariamente aos seus produtos seja estendida para a Administração Pública, destinatária final, evitando no edital indicar tempo de garantia estendida (de fabricante) que poderá variar conforme o próprio fabricante. Ou ainda, exigir a garantia do licitante, especificando os seus termos, que independe daquela ofertada pelo fabricante.

42. VISTORIA TÉCNICA

A necessidade de previsão de visita técnica precisa ser robustamente justificada, sendo permitida apenas se imprescindível. (**TCU Acórdãos nºs. 2.990/2010[174], 2.913/2014[175], 234/2015[176], 372/2015[177], todos do Plenário**). No mes-

---

174 TCU, acórdão 2990/2010, Plenário, Rel. Min. Raimundo Carreiro, sessão em 03/11/2010

175 TCU, acórdão 2913/2014, Plenário, Rel. Min. Weder de Oliveira, sessão em 29/10/2014

176 TCU, acórdão 234/2015, Plenário, Rel. Min. Benjamin Zymler, sessão em 11/02/2015

177 TCU, acórdão 372/2015, Plenário, Rel. Min. Weder de Oliveira, sessão em 04/03/2015

mo sentido, *'sendo a visita técnica oportuna e conveniente a Administração Municipal, pertinente ao objeto do certame, bem como não lesiva a competitividade, sua exigência via edital é regular'* (**TCE/MG Denúncia nº 887937**[178]).

Deve ser entendida como mera faculdade, *'sendo suficiente a declaração do licitante de que conhece as condições locais para o cumprimento das obrigações objeto da licitação'* **acórdão nº 1301, de 2015**[179]. No mesmo sentido, mais recentemente, **acórdão nº 212, de 2017, do TCU**[180], **e a denúncia nº 969493, do TCE/MG**[181].

'1. A exigência de visita técnica está atrelada ao juízo de oportunidade e conveniência da Administração, desde que a exigência seja pertinente com o objeto licitado e não comprometa, restrinja ou frustre o caráter competitivo da licitação.' **TCE/MG, denúncia nº 969436**[182].

Acórdão nº 2416, de 2017, 1ª Câmara do TCU[183], *"é ilegal a exigência de que a vistoria técnica seja realizada exclusivamente pelo sócio administrador da licitante, tendo em vista que tal visita, quando exigida, não deve sofrer condicionantes por parte da Administração que resultem em ônus desnecessário aos particulares e importem restrição injustificada à competitividade do certame".*

---

178 TCEMG Denúncia 887937, Rel. Cons. Sebastião Helvecio, Pub. Em 16/08/2017

179 TCU, acórdão 1301/2015, Plenário, Rel. Min. Augusto Sherman, sessão em 27/05/2015

180 TCU, acórdão 212/2017, Plenário, Rel. Min. José Mucio Monteiro, sessão em 15/02/2017

181 TCEMG, denuncia 969493, Rel. Cons. Wanderley Ávila, pub. Em 01/09/2017

182 TCEMG denuncia 969436, Rel. Cons. Wanderley Ávila, pub em 22/08/2017

183 TCU, acórdão 2416/ 2017, 1ª Câmara, Rel. Min. Weder de Oliviera, sessão em 25/04/2017

Segundo **acórdão nº 785, de 2012 – Plenário**[184] "*Em tese, não há óbices para que tal visita seja feita por profissional terceirizado pela empresa, sendo razoável, somente, exigir que o mesmo possua conhecimento técnico suficiente para tal incumbência*".

Na **denúncia nº 1015745**, o **TCE/MG**[185] entendeu que seria irregular a delimitação de apenas 02 (dois) dias em horários restritos para visita técnica. Também na **denúncia nº 711879**[186], entendeu que a previsão de uma única data para sua realização, mesmo sendo conveniência da Administração Municipal, pode comprometer a participação de um maior número de interessados.

A visita técnica coletiva foi rechaçada pelo Plenário do **TCU**, **no acórdão nº 2672, de 2016**[187].

O Projeto de Lei nº 1292/95 contém incitante construção do instituto da visita, na perspectiva da proteção do licitante, como **direito** deste para conhecer o objeto; ainda, permite a exigência como obrigação cujo ônus seria a inabilitação, mas permitindo a substituição por declaração (§3º do art. 61), em linhas gerais, encampando a jurisprudência atual.

Confira §2º do art. 61, '*quando a avaliação prévia do local de execução for imprescindível para o conhecimento pleno das condições e peculiaridades do objeto a ser contratado, o edital de licitação poderá prever, sob pena de inabilitação, a necessidade de o licitante atestar que conhece o local e as condições de realização da obra ou serviço, ficando assegurado ao licitante o direito de realização de vistoria prévia.*'.

---

184 TCU, acórdão 785, de 2012 – Plenário, Rel. Min. José Jorge, sessão em 04/04/2012

185 TCEMG denuncia 1015745, Rel. Cons. Gilberto Diniz, pub em 11/10/2017

186 TCEMG denuncia 711879, Rel. Cons. Adriene Andrade, pub em 08/08/2006

187 TCU, acórdão 2672/2016, rel. Min. Benjamin Zymler, sessão em 19/10/2016

VISTORIA OU VISITA TÉCNICA	
ACÓRDÃO	**ENTENDIMENTO**
Acórdão TCU nº 170/2018-Plenário	A vistoria ao local das obras **somente deve ser exigida quando imprescindível para a perfeita compreensão do objeto** e com a necessária justificativa da Administração nos autos do processo licitatório, **podendo ser substituída pela apresentação de declaração de preposto da licitante de que possui pleno conhecimento do objeto**. A visita deve ser compreendida como direito subjetivo da empresa licitante, não como obrigação imposta pela Administração.
Acórdão TCU nº 7982/2017-Plenário	**A visita técnica coletiva ao local de execução dos serviços contraria os princípios da moralidade e da probidade administrativa**, pois permite ao gestor público ter prévio conhecimento das licitantes, bem como às próprias empresas terem ciência do universo de concorrentes, criando condições favoráveis à prática de conluio.
Acórdão TCU nº 2416/2017-Plenário	É ilegal a exigência de que a vistoria técnica seja realizada exclusivamente pelo sócio administrador da licitante, tendo em vista que tal visita, quando exigida, não deve sofrer condicionantes por parte da Administração que resultem em ônus desnecessário aos particulares e importem restrição injustificada à competitividade do certame.
Acórdão TCU nº 212/2017-Plenário	Cabe destacar que a jurisprudência do TCU é no sentido de que a vistoria ao local somente deve ser exigida quando imprescindível e, mesmo assim, que o edital preveja a possibilidade de substituição de tal atestado por declaração do responsável técnico de que possui pleno conhecimento do objeto (Acórdãos nºs. 2.990/2010, 2.913/2014, 234/2015, 372/2015, todos do Plenário).
Acórdão TCU nº 4991/2017-Plenário	A exigência de que a visita técnica seja realizada exclusivamente pelo responsável técnico da empresa licitante não encontra respaldo na Lei 8.666/1993, além de configurar restrição indevida à competitividade do certame. Sendo necessária, **a vistoria técnica pode ser feita por preposto da licitante ou até mesmo ser terceirizada para profissional competente**.
Acórdão TCU nº 2126/2016-Plenário	A exigência de realização de visita técnica ao local da obra como requisito de habilitação contraria o art. 3º, §1º, da Lei 8.666/1993, mesmo nos casos em que a avaliação prévia do local de execução se configure indispensável, pois o edital de licitação deve prever a possibilidade de substituição da vistoria por declaração formal assinada pelo responsável técnico acerca do conhecimento pleno das condições e peculiaridades da obra.

Acórdão TCU nº 1573/2015-Plenário	É incompatível com os princípios norteadores da licitação a exigência, como requisito de habilitação, de visita técnica ao local da obra em data pré-determinada, por responsável técnico da licitante.
Acórdão TCU nº 7519/2013-Plenário	O edital deve estabelecer, no caso de visita técnica facultativa, a responsabilidade do contratado pela ocorrência de eventuais prejuízos em virtude de sua omissão na verificação das condições do local de execução do objeto.
Acórdão TCU nº 147/2013-Plenário	No caso de visita técnica facultativa, deve-se incluir cláusula editalícia que estabeleça ser da responsabilidade do contratado a ocorrência de eventuais prejuízos em virtude de sua omissão na verificação dos locais de instalação.
Denúncia TCE/MG nº 986.744/2018	A obrigatoriedade de visita técnica com a presença do responsável técnico é justificável para assegurar a segurança e qualidade de serviços de engenharia.
Denúncia TCE/MG nº 911.999/2018	A realização de visita técnica, quando pertinente e obrigatória, se disponibilizados mais de um dia e horário para sua realização, não compromete indevidamente a competitividade do certame.

43. EXIGÊNCIA DE ESTRUTURA FÍSICA NO MOMENTO DA LICITAÇÃO

O § 6º c/c inc. II do art. 30 da Lei 8.666, de 1993, faculta a possibilidade de a Administração exigir a '*indicação das instalações e do aparelhamento e do pessoal técnicos adequados e disponíveis para a realização do objeto da licitação, bem como da qualificação de cada um dos membros da equipe técnica que se responsabilizará pelos trabalhos*' (inc. II), que será cumprida por meio da apresentação de relação explícita e declaração formal de sua disponibilidade (§6º).

As exigências de qualificação técnica devem ser motivadas e cingir-se ao indispensável para boa execução do objeto (**TCU,** acórdão nº 1230, de 2008, Plenário[188]), e cumprido este pressuposto de validade, pode a Administração exigir estrutura física, equipamentos e recursos humanos especializados, porém não pode exigir que a licitante cumpra essas requisitos, ou seja, possua a efetiva estrutura no momento da licitação.

Em linhas gerais, segue a regra de que é vedada a inclusão de exigências de habilitação *"para cujo atendimento os licitantes tenham de incorrer em custos que não sejam necessários anteriormente à celebração do contrato"* (TCU, súmula 272).

É vedada, portanto, a exigência de propriedade prévia (STJ, Resp. 622.717/RJ, 1º T.).

E mais, deve ser concedido *'prazo razoável'* para que a vencedora do certame cumpra o requisito da estrutura física (TCU, acórdão 2962, de 2012, Plenário[189])

No acórdão nº 2915, de 2013, Plenário[190], inclusive, o TCU entendeu que seria desarrazoado exigir declaração de que a licitante teria todos os equipamentos no início da execução do contrato considerando que *'só seriam utilizados em etapas mais avançadas'*.

No mesmo sentido, o TCE/MG, na denúncia nº 932347[191], *"3. De acordo com o § 6º do art. 30 da Lei n. 8.666/1993, uma declaração formal de disponibilidade dos equipamentos e instalações é suficiente para fins de habilitação da empresa licitante, não se justificando a exigência de fotos dos equipamentos que a oficina possui como documentação relativa à qualificação técnica."*

---

188 TCU, acórdão nº 1230, de 2008, Plenário, Rel. Min. Guilherme Palmeira, sessão em 2506/2008

189 TCU, acórdão 2962/2012, Plenário, Rel. Min. José Mucio Monteiro, sessão em 31/10/2012

190 TCU, acórdão 2915/2013, Plenário, Rel. Min., Raimundo Carreiro, sessão em 30/10/2013

191 TCEMG, denuncia 932347, rel. Cons. Wanderley Ávila, pub em 13/11/2017

O "Projeto de Lei nº 1292/95" mantém essa orientação, como se observa do inc. III do art. 65, com a utilização da expressão '*indicação*'.

ACÓRDÃO	ENTENDIMENTO
TCE/MG, na denúncia nº 932347/2017	3. De acordo com o § 6º do art. 30 da Lei n. 8.666/1993, uma declaração formal de disponibilidade dos equipamentos e instalações é suficiente para fins de habilitação da empresa licitante, não se justificando a exigência de fotos dos equipamentos que a oficina possui como documentação relativa à qualificação técnica.
TCU, acórdão 2962/2012, Plenário	9.4. dar ciência ao Sebrae/TO que, nos termos do art. 37, inciso XXI, da Constituição Federal, as exigências inseridas nos editais das licitações devem se limitar àquelas indispensáveis à garantia do cumprimento das obrigações contratuais, na medida em que a comprovação de atividade em local específico para a qualificação técnica do licitante pode vir a ter potencial para causar restrição à competitividade do certame, razão pela qual a jurisprudência deste Tribunal é no sentido de que a exigência de comprovação de rede credenciada seja feita na fase de contratação, com estabelecimento de prazo razoável para que a vencedora do certame credencie os estabelecimentos comerciais das localidades onde os empregados que usufruirão do benefício de auxílio-alimentação estejam lotados;

44. PRAZO DE VALIDADE DO ATESTADO DE CAPACIDADE TÉCNICA

O art. 30, inc. II da Lei 8.666, de 1993, permite a comprovação de aptidão ou capacidade para a execução do objeto por meio de atestados de desempenho no qual outra empresa atesta que a licitante já realizou determinada atividade ou entregou aquele bem com características compatíveis e pertinentes ao objeto licitado.

Como regra geral, a experiência do licitante não *desaparece* com o tempo; portanto, a lei não permite vincular a aspectos temporais (§5 do art. 30), sendo, nesse contexto, vedada limitação de tempo.

Por isso se diz que o atestado de capacidade técnica não tem validade, não tem tempo máximo de aceitação.

É sólida e antiga a construção jurisprudencial nesse sentido, '*é irregular estabelecer limitação temporal para aceitação dos atestados de realização de serviços utilizados na avaliação da proposta técnica dos licitantes.*' (**TCU, acórdão nº 2172, de 2005, Plenário**[192]).

No mesmo sentido, **acórdão nº 2163, de 2014, do Plenário do TCU**[193], "*é indevido o estabelecimento de limitações temporais ou quantitativas em relação ao número ou antiguidade das certidões apresentadas com o objetivo de comprovar a qualificação técnica dos licitantes.*"

Encontramos posição pacífica no TCE/MG, '2. A EXIGÊNCIA DE LIMITAÇÃO TEMPORAL PARA O ATESTADO DE CAPACIDADE TÉCNICA NÃO ENCONTRA AMPARO NA LEI, NEM EM SUA JURISPRUDÊNCIA, VIOLANDO, A PRINCÍPIO, O ART. 30, § 5º, DA LEI Nº 8.666/1993, PODENDO, AINDA, RESTRINGIR A PARTICIPAÇÃO DE EVENTUAIS INTERESSADOS NO PROCEDIMENTO LICITATÓRIO.' (**Denúncia 1015734**[194])

Mantém-se essa vedação no §2º do art. 65 do Projeto de Lei nº 1262/95.

---

192 TCU, acórdão 2172/ 2005, Plenário. Rel. Min. Augusto Sherman, sessão em 07/12/2005

193 TCU, acórdão 2163/2014, Plenário. Rel. Min. José Mucio Monteiro, sessão em 20/08/2014

194 TCEMG, denuncia 1015734, Rel. Cons. Adriene Andrade, pub em 05/03/2018

ACÓRDÃO	ENTENDIMENTO
Acórdão TCU nº 2172/2005 – Plenario	É irregular estabelecer limitação temporal para aceitação dos atestados de realização de serviços utilizados na avaliação da proposta técnica dos licitantes.
Acórdão TCU nº 2163/2014 – Plenario	(...) é indevido o estabelecimento de limitações temporais ou quantitativas em relação ao número ou antiguidade das certidões apresentadas com o objetivo de comprovar a qualificação técnica dos licitantes.

45. RESTRIÇÃO DE ATESTADO DE CAPACIDADE TÉCNICA PARA AQUELES EMITIDOS POR PESSOAS JURÍDICAS DE DIREITO PÚBLICO

Erro bastante comum é a restrição indevida de aceitação de atestados de capacidade técnica apenas emitidos por pessoas jurídicas de direito público.

O §1º do art. 30 da Lei 8.666, de 1993, é expresso ao permitir também a apresentação de atestados por pessoas jurídicas de direito privado aos quais o licitante tenha prestado serviços.

Recentemente decidiu o **TCE/MG, na representação nº 951463, de 2018**[195], que *"4. A exigência, para comprovação da qualificação técnica, de atestado emitido por pessoa jurídica de direito público, está em desacordo com o disposto no § 1º do artigo 30 da Lei de Licitações."*. No mesmo sentido, a **denúncia nº 997814**[196], também de 2018.

---

195 TCEMG, representação 951463, Rel. Cons. José Alves Viana, pub em 13/12/2018

196 TCEMG, denuncia 997814, Rel. Cons. Wanderley Ávila, pub em 18/12/2018

Na **denúncia 812286**[197], assentou-se que: *"1. É vedada previsão editalícia de obrigatoriedade de apresentação de atestado que comprove experiência anterior na prestação e serviços de sistemas integrado na área de Gestão Pública, por frustrar a competitividade do certame e ferir o disposto no § 1º do art. 30 da Lei nº 8.666, de 1993".*

Essa restrição também não encontrará amparo no Projeto de Lei nº 1292/95.

ACÓRDÃO	ENTENDIMENTO
TCE/MG – Denúncia n. 997814/2018	4. A exigência de atestado de capacidade técnica emitido, exclusivamente, por pessoa jurídica de direito público contraria o disposto no § 1º do art. 30 da Lei n. 8.666/93, na medida em que o permissivo legal deixa claro que a documentação relativa à qualificação técnica está limitada à comprovação de aptidão por meio de atestados fornecidos por pessoas jurídicas de direito público ou privado, isto é, ou um ou outro, à escolha do licitante.

46. EXIGÊNCIA DE ATESTADO DE CAPACIDADE TÉCNICA PARA TIPOLOGIA ESPECÍFICA

O inc. II do art. 30 da Lei 8.666, de 1993, permite a exigência de atestado de capacidade técnica relativo ao desempenho de atividade *'pertinente e compatível em características, quantidades e prazos com o objeto de licitação'*, acrescentado pelo §3º do mesmo artigo que expressamente identifica a apresentação de certidão de *'obras ou serviços similares de complexidade tecnológica e operacional equivalente ou superior'*.

Nesse contexto normativo, a regra é vedar a exigência de atestado para serviços idênticos, bastando a presença da similaridade, compatibilidade e pertinência para aceitação do atestado.

---

197 TCEMG, denuncia 812286, Rel. Cons. Gilberto Diniz, pub em 18/12/2017

Como exposto pela **2ª Câmara do TCU, no acórdão nº 9538, de 2016**[198], '*considerando firme jurisprudência do TCU de que, em contratações de obras e serviços, as exigências de qualificação técnica devem admitir a experiência anterior em obras ou serviços de características semelhantes, e não necessariamente idênticas, às do objeto pretendido*'.

Poderíamos colacionar também o **acórdão nº 1140, de 2005, do Plenário do TCU**[199] que expõe a tese, '*os atestados devem mostrar que o licitante executou obras parecidas, e não iguais, em quantidade e prazos compatíveis com aquela que está sendo licitada. Quaisquer outras exigências que limitem a competitividade são vedadas.*'

Não obstante a regra geral, excepcionalmente, as peculiaridades do objeto poderão demandar indispensável necessidade que irá fundamentar a exigência específica, conforme decidido no **acórdão nº 1963, de 2018**[200], "*é permitida a exigência de atestados de capacidade técnica restritos a serviços executados no Brasil, nos casos em que peculiaridades da legislação nacional, em especial nas áreas tributária e trabalhista, demandem conhecimento da empresa contratada, de modo a evitar riscos na execução do objeto, sendo necessária a devida fundamentação da exigência com base em estudos técnicos preliminares.*"

Confira a posição do **Plenário do TCU, no acórdão 1567, de 2018**[201], "*caracteriza restrição à competitividade da licitação a exigência, como critério de habilitação, de atestado de qualifi-*

---

198 TCU, acórdão 9538/2016, 2ª Câmara, Rel. Min. Ana Arraes, sessão em 23/08/2016

199 TCU, acórdão 1140/2005, Plenário, Rel. Min. Marcos Vinicios Vilaça, sessão em 10/08/2005

200 TCU, acórdão 1963/2018, Plenário, Rel. Min Aroldo Cedraz, sessão em 22/08/2018

201 TCU, acórdão 1576/2018, Plenário, Rel. Min. Augusto Nardes, sessão em 11/07/2018

cação técnica comprovando experiência em tipologia específica de serviço, salvo se imprescindível à certeza da boa execução do objeto e desde que devidamente fundamentada no processo licitatório." Em idêntico sentido, **acórdão nº 433, de 2018**[202].

Por fim, ressalta-se que '*é obrigatório o estabelecimento de parâmetros objetivos para análise da comprovação (atestados de capacidade técnico-operacional) de que a licitante já tenha prestado serviços pertinentes e compatíveis em características, quantidades e prazos com o objeto da licitação (art. 30, inciso II, da Lei 8.666/1993)*' (**TCU, acórdão nº 361, de 2017**[203]).

O TCE/MG já decidiu, na **denúncia 1015523**[204], que "*2. EXIGIR A COMPROVAÇÃO DE QUALIFICAÇÃO TÉCNICA POR MEIO DE COMPROVAÇÃO DE INSTALAÇÃO DE ILUMINAÇÃO PÚBLICA EXCLUSIVAMENTE DE TECNOLOGIA LED IMPLICA EVIDENTE RESTRIÇÃO À COMPETIÇÃO, O QUE É VEDADO PELA LEGISLAÇÃO PERTINENTE, POR OFENSA AO ART. 3º, § 1º, INCISO I, DA LEI 8.666/93*".

No Projeto de Lei nº 1292/95, o inc. I do art. 65 parece manter a mesma orientação ora exarada ao permitir a exigência de atestados de execução de obra ou serviço de características '*semelhantes*', no inc. II do mesmo artigo, utiliza a expressão '*similares de complexidade tecnológica e operacional equivalente ou superior*'.

---

202 TCU, acórdão 433/2018, Plenário, Rel. Min. Augusto Sherman, sessão em 07/03/2018

203 TCU, acórdão 361/2017, Rel. Min. Vital do Rêgo, sessão em 08/03/2017

204 TCEMG, denuncia 1015523, Rel. Cons. Wanderley Ávila, pub em 07/11/2017

ACÓRDÃO	ENTENDIMENTO
Acórdão TCU nº 1567/2018 – Plenário	Caracteriza restrição à competitividade da licitação a exigência, como critério de habilitação, de atestado de qualificação técnica comprovando experiência em tipologia específica de serviço, salvo se imprescindível à certeza da boa execução do objeto e desde que devidamente fundamentada no processo licitatório.
Acórdão TCU nº 1140/2005 – Plenário	'os atestados devem mostrar que o licitante executou obras parecidas, e não iguais, em quantidade e prazos compatíveis com aquela que está sendo licitada. Quaisquer outras exigências que limitem a competitividade são vedadas.'

47. EXIGÊNCIA DE ATESTADO DE CAPACIDADE TÉCNICA PARA ITENS QUE SERÃO SUBCONTRATADOS

Se é permitida a subcontratação para determinado item do objeto a ser executado é porque este item não é o principal e as características do executor não são fatores fundamentais para a escolha ou a seleção da melhor proposta, portanto, nesse sentido, seria incongruente exigir atestado de capacidade técnica.

Os atestados de capacidade técnica – como, aliás, todos os demais requisitos de habilitação – deverão se circunscrever ao indispensável para a boa execução do contrato, portanto, estão intimamente ligados às parcelas de maior relevância e impacto; por conseguinte, há incompatibilidade lógica em exigir atestado de capacidade técnica de cuja parcela do serviço poderá ser executada por terceiros, com esta argumentação, entende o TCU que *"restringe a competitividade do certame a exigência de atestados de capacidade técnica relativos a parcelas de menor importância do objeto da licitação, sobretudo àquelas que tenham previsão de subcontratação no edital."*

Confira também o julgado, **acórdão n° 2992, de 2011, do Plenário do TCU**[205], *'não é cabível a exigência de atestados de capacitação técnica visando à comprovação de experiência para a execução de serviços técnica e materialmente relevantes, passíveis de serem executados apenas por poucas empresas, e que, por circunstância de mercado, já se saiba de antemão que serão subcontratados.'*

A regra é que *'A exigência, para fins de habilitação, de experiência anterior com relação a serviços que serão subcontratados é restritiva à competitividade da licitação.'*

No Projeto de Lei n° 1292/95, reforça-se o entendimento quanto à necessidade de que os atestados estejam vinculados a parcelas de grande relevância, notadamente diante da disposição prevista no §1° do art. 65, *"A exigência de atestados restringir-se-á às parcelas de maior relevância ou valor significativo do objeto da licitação, assim consideradas aquelas que tenham valor individual igual ou superior a 4% (quatro por cento) do valor total estimado da contratação."*

A inserção de critério objetivo (se o item individualmente considerado possuir referência monetária igual ou superior a 4% ao valor do contrato) também merece apontamento, mas, por certo, exigirá motivação idônea, sendo esta expressão numérica presunção relativa que deverá se apoiar nas características específicas de cada objeto.

Não obstante, o §9° do art. 65 possui disposição permitindo a exigência de atestados de serviços que serão *potencialmente* subcontratados, confira, *"o edital poderá prever, para aspectos técnicos específicos, que a qualificação técnica poderá ser demonstrada por meio de atestados relativos a potencial subcontratado, limitado a 25% (vinte e cinco por cento) do objeto a ser licitado, hipótese em que mais de um licitante poderá apresentar atestado relativo ao mesmo potencial subcontratado."*

---

205 TCU, acórdão 2992/2011, Rel. Min. Valmir Campelo, sessão em 16/11/2011

Por essa disposição, percebe-se que será permitida a exigência de atestado da parcela que será subcontratada, novamente, menção apenas como *lege lata ferenda*.

ACÓRDÃO	ENTENDIMENTO
Acórdão TCU nº 2679/2018 – Plenário	A exigência, para fins de habilitação, de experiência anterior com relação a serviços que serão subcontratados é restritiva à competitividade da licitação.

48. SUBCONTRATAÇÃO NAS HIPÓTESES DE DISPENSA OU INEXIGIBILIDADE DE LICITAÇÃO

Nas hipóteses de dispensa e inexigibilidade de licitação, a figura do contratado e seus aspectos subjetivos são elementos primordiais para a própria caracterização da permissão de contratação direta sem licitação.

Como bem exposto pelo TCU, *'é indevida a subcontratação da execução do objeto nos casos de dispensa de licitação em que a identidade do contratado é a razão que fundamenta sua escolha para celebrar o contrato'* (**Acórdão nº 1705, de 2007, Plenário**[206]).

No caso acima analisado pelo TCU, foi capitulada a hipótese do inc. XXIII, do art. 24, mas a inteligência é aplicável a todas as hipóteses em que o aspecto subjetivo é requisito para a própria aceitabilidade da capitulação da contratação direta.

---

206 TCU, acórdão 1705/2007, Plenário, Rel. Min. Raimundo Carreiro, sessão em 22/08/2007. Este acórdão colaciona diversos outros entendimentos no mesmo sentido, Decisão 881/97-Plenário, Acórdão 14/2002-Plenário, Acórdão 19/2002-Plenário, Acórdão 627/2002-Plenário, Acórdão 392/2003 – Plenário, Acórdão 839/2004-Plenário, Acórdão 869/2006-Plenário, Acórdão 994/2006-Plenário.

Assim, é vedada a subcontratação se a contratação foi promovida com base no art. 24, inc. XIII, da Lei 8.666, de 1993 (**TCU, acórdão n° 2324, de 2008, Plenário**[207]).

Não se olvida também que – no mesmo sentido de inviabilizar a subcontratação porque a figura do contratado é elemento essencial para a capitulação – poderíamos pensar em subcontratação para partes não relevantes do objeto, '*admissível para a prestação de serviços auxiliares por terceiros*', como decidido no **acórdão n° 3193, de 2014, do Plenário do TCU**[208]. Nesse mesmo sentido (*mutatis mutandis*) é o art. 14 do Decreto 8.240, de 2014, ao dispor que "*É vedada a subcontratação total do objeto dos convênios ECTI e a subcontratação parcial que delegue a terceiros a execução do núcleo do objeto contratado*".

Importante colacionar a argumentação do relator, Ministro Benjamin Zymler nesta decisão: "*10. Essas conclusões, entretanto, a meu sentir, não devem ser interpretadas de forma absoluta no sentido de que todo o pessoal necessário para a execução do objeto já deve compor os quadros da entidade previamente à contratação ou de que ela não possa de forma alguma se valer da prestação de serviços de terceiros. Isso porque a realidade mercadológica pode impor uma diversidade de fornecedores necessários à execução contratual. 11. Ademais, efetuar tais exigências previamente à contratação, mesmo quando precedida de certame licitatório, pode até mesmo ir de encontro ao princípio da busca da proposta mais vantajosa para a administração. A uma, porque poderia implicar que as empresas tivessem em seus quadros uma estrutura organizacional ociosa cujos custos seriam repassados quando da contratação. A duas, porque poderia restringir significativamente o universo de futuros contratados. 12. Parece-me que o espírito da norma legal é estabelecer que a futura contratada disponha de irrefutável experiência na realização do objeto a ser contratado e*

---

207 TCU, acórdão 2324/2008, Plenário, Rel. Min. Raimundo Carreiro, sessão em 22/10/2008

208 TCU, acórdão 3193/2014, Plenário, Rel. Min. Benjamin Zymler, sessão em 19/11/2014

de um núcleo permanente de pessoal qualificado. A prestação de serviços auxiliares por terceiros – referentes a partes não relevantes do objeto – e a complementação do quadro de pessoal poderiam ocorrer de acordo com as necessidades impostas pela contratação."

Seja como for, a regra é que *"a dispensa de licitação com base no art. 24, inciso XIII, da Lei 8.666/1993 exige comprovação de que a contratada detenha inquestionável reputação ético-profissional e capacidade para a execução do objeto pactuado por meios próprios, sendo regra a inadmissibilidade de subcontratação."* (TCU, acórdão nº 2392, de 2018, Plenário[209]).

ACÓRDÃO	ENTENDIMENTO
Acórdão TCU nº 1705/2007 – Plenário	É indevida a subcontratação da execução do objeto nos casos de dispensa de licitação em que a identidade do contratado é a razão que fundamenta sua escolha para celebrar o contrato.
Acórdão TCU nº 2392/2018, Plenário	A dispensa de licitação com base no art. 24, inciso XIII, da Lei 8.666/1993 exige comprovação de que a contratada detenha inquestionável reputação ético-profissional e capacidade para a execução do objeto pactuado por meios próprios, sendo regra a inadmissibilidade de subcontratação.

49. NECESSIDADE DE DISCRIMINAÇÃO INDIVIDUALIZADA DAS HIPÓTESES DE SUBCONTRATAÇÃO

A subcontratação é exceção, sendo vedada integralmente, porque poderia conduzir à figura da administração contratada que foi expressamente vetada no Projeto de Lei 8.666, de 1993, não sendo contemplada como hipótese possível.

---

[209] TCU, acórdão 2392/ 2018, Plenário, Rel. Min Walton Alencar Rodrigues, sessão em 17/10/2018

A orientação prevalecente é de que '*a subcontratação deve ser tratada como exceção. Só é admitida a subcontratação parcial e, ainda assim, desde que seja demonstrada a inviabilidade técnico-econômica da execução integral do objeto por parte da contratada, e que haja autorização formal do contratante.*' (TCU, acórdão nº 3776, de 2017, 2ª Câmara[210])

Recomenda-se que seus limites sejam expressamente discriminados no edital, com a indicação individualizada do que poderá ser subcontratado, como decidido no **acórdão nº 14.193, de 2018, da 1ª Câmara do TCU**[211], '*a subcontratação do objeto é admitida apenas parcialmente, desde que motivada sob a ótica do interesse público e com os seus limites devidamente fixados pelo contratante, não podendo a atuação do contratado transformar-se em mera intermediação ou administração de contrato.*'

No mesmo sentido, "*os editais para contratação de obra, serviço ou fornecimento devem prever os limites admissíveis e os critérios para subcontratação parcial do objeto.*" (TCU, **acórdão nº 1941, de 2006, Plenário**[212])

Não se olvidam julgados permitindo a subcontratação mesmo que não haja discriminação, por exemplo, **acórdão nº 2198, de 2015, do Plenário do TCU**[213]. Mas a regra geral é de que '*a subcontratação parcial de obra, serviço ou fornecimento de bens só deve ser implementada quando houver sido prevista no edital da licitação e no respectivo contrato. É possível admiti-la sem que estejam presentes tais requisitos, em caráter excepcional, quando restar demonstrada a ocorrência de fato superveniente que*

---

210 TCU, acórdão 3776/2017, 2ª Câmara, Rel. Min. André de Carvalho, sessão em 09/05/2017

211 TCU, acórdão 14193/2018, 1ª Câmara, Rel. Min. Weder de Oliveira, sessão em 13/11/2018

212 TCU, acórdão 1941/2006, Plenário, Rel. Min. Marcos Bemquerer, sessão em 18/10/2006

213 TCU, acórdão 2198/2015, Plenário, Rel. Min. Marcos Bemquerer, sessão em 02/09/2015

a torne conveniente para a Administração.' (**TCU, acórdão nº 3378, de 2012, Plenário**[214]). No acórdão nº 3094, de 2011[215], o Plenário do TCU decidiu que *"na hipótese de subcontratação de serviços sem que haja previsão contratual, aplica-se aos responsáveis a multa prevista no art. 58, II, da Lei 8.443/1992."*

ACÓRDÃO	ENTENDIMENTO
Acórdão TCU nº 3776/2017 – 2ª Câmara	A subcontratação deve ser tratada como exceção. Só é admitida a subcontratação parcial e, ainda assim, desde que seja demonstrada a inviabilidade técnico-econômica da execução integral do objeto por parte da contratada, e que haja autorização formal do contratante.
Acórdão TCU nº 1941/2006 – Plenário	Os editais para contratação de obra, serviço ou fornecimento devem prever os limites admissíveis e os critérios para subcontratação parcial do objeto.

50. IMPOSSIBILIDADE DE ENTENDER NÍVEIS DE SERVIÇO COMO SANÇÕES

O antigo acordo de nível de serviço (ANS) – recentemente renomeado para Instrumento de Medição de Resultado (IMR), pela Instrução normativa 05/2017, do Ministério do Planejamento, Desenvolvimento e Gestão – é excelente instrumento de eficiência administrativa, previsto, em Minas Gerais, no art. 7º do Decreto Estadual nº 46.559, de 2014.

---

214 TCU, acórdão 3378/2012, Plenário, Rel. Min. José Jorge, sessão em 05/12/2012. Este último acórdão cita ainda diversas outras decisões no mesmo sentido, acórdãos 1045/2006, 2831/2009 e 2992/2011, todos do Plenário e Acórdão 717/2011 – 2ª Câmara.

215 TCU, acórdão 3094/2011, Plenário, Rel. Min. Weder de Oliveira, sessão em 23/11/2011

Aliás, o Projeto de Lei nº 1292/95 prevê, como regra, no §10 do art. 44, que os regimes de execução *'adotarão a sistemática de medição e pagamento associada à execução de etapas do cronograma físico-financeiro, vinculadas ao cumprimento de metas de resultado, vedada a adoção de sistemática de remuneração orientada por preços unitários ou referenciada pela execução de quantidade de itens unitários'*, reforçando ainda mais a natureza deste instituto conforme exposto neste tópico.

No inc. IV do art. 90, por exemplo, há clara identificação, enquanto cláusula necessária, da periodicidade da mediação com o prazo de liquidação e pagamento.

Com fundamento no art. 58, inc. II c/c 67 da Lei 8666/93, e no intuito de apresentar critérios objetivos e claros para mensurar a qualidade do serviço prestado, firme no princípio da eficiência, a Administração Pública, em especial Federal, incorporou a SLA (*service level agreement*) enquanto indicadores de desempenho.

Segundo a doutrina, os acordos de níveis de serviços tratam se de corolário do princípio da eficiência, de uma boa gestão administrativa, visando à obtenção de melhores resultados e qualidade na prestação dos serviços para a Administração Pública.

Como bem percebido, na verdade, "*o ANS é a faixa específica de tolerância onde a adequação do serviço contratado pode estar... Este erro, na linguagem da Administração Pública, pode ser entendido como Acordo de Nível de Serviços: desvios objetivamente verificados que podem ser derivados das definições iniciais do serviço.*" (GIRON, Amanda Sant'Anna Caetano Romano. Acordo de nível de serviços nos contratos administrativos e estatística. Revista Jus Navigandi, Teresina, ano 19, n. 3837, 2 jan. 2014.)

Essa premissa da *'faixa de tolerância'* ou do *'erro estatístico'* como elemento primário para compreensão da definição do acordo de nível de serviço é fundamental para a conclusão da consequência do não atingimento das metas como penalidade ou redução do pagamento e não como sanção.

Em evolução sobre o tema, o **TCU, no Acórdão n°
717/2010 – Plenário**[216], ao concluir pela possibilidade de 'revisão', inclusive com acréscimo e supressão de índices ou metas, expressamente consignou que: *"9.4. recomendar ao Ministério do Trabalho e Emprego que, em suas futuras licitações, em atenção ao art. 19, inciso XII, da IN/SLTI/MP n° 02/2008, observe que as reduções de pagamento decorrentes do descumprimento de Acordos de Nível de Serviço não devem ser interpretadas como penalidades, e sim como adequações pelo não atendimento das metas estabelecidas, em complemento à mensuração dos serviços efetivamente prestados;"*

No corpo do acórdão, observam-se algumas orientações quanto ao tema: *"Contudo, as reduções de pagamento decorrentes do descumprimento de ANS não devem ser interpretadas como penalidades, e sim como adequações pelo não atendimento das metas estabelecidas (art. 19, inciso XII, da IN 2/2008 – SLTI). Assim, o objetivo dos ANS é vincular o pagamento dos serviços aos resultados alcançados, em complemento à mensuração dos serviços efetivamente prestados, não devendo as reduções de pagamento, originadas pelo descumprimento dos ANS, ser interpretadas como penalidades ou multas, as quais exigem a abertura do regular processo administrativo e do contraditório."*

ACÓRDÃO	ENTENDIMENTO
Acórdão TCU n° 717 de 2010	Contudo, as reduções de pagamento decorrentes do descumprimento de ANS não devem ser interpretadas como penalidades, e sim como adequações pelo não atendimento das metas estabelecidas (art. 19, inciso XII, da IN 2/2008 – SLTI). Assim, o objetivo dos ANS é vincular o pagamento dos serviços aos resultados alcançados, em complemento à mensuração dos serviços efetivamente prestados, não devendo as reduções de pagamento, originadas pelo descumprimento dos ANS, ser interpretadas como penalidades ou multas, as quais exigem a abertura do regular processo administrativo e do contraditório.

---

216 TCU, acórdão 717/2010, Plenário, Rel. Min. Augusto Sherman, sessão em 07/04/2010

51. EXIGÊNCIA NA FASE DE LICITAÇÃO DE CERTIFICADOS DE QUALIDADE

Tema excessivamente polêmico são as exigências de certificados de qualidade. Como regra geral, são documentos emitidos por terceiros alheios à disputa, portanto, vedados.

Se determina exigência de especificação do produto é fundamental e indispensável para a boa execução do objeto, estando validada pelo pressuposto fático da necessidade, então, deve especificar o que exatamente é fundamental que este produto contenha ou não contenha, podendo se valer da amostra para realizar a análise.

Como bem exposto por Justen Marçal Filho, *'uma empresa pode preencher todos os requisitos para obtenção da certificação, mas nunca ter tido o interesse em formalizar esse resultado. Exigir peremptoriamente a certificação como requisito de habilitação equivaleria a tornar compulsória uma alternativa meramente facultativa'* (Comentários à lei de licitações e contratos administrativos. 2014. 16º ed. – p. 623)

"Em contratações de serviços de software, não há amparo legal para a exigência de certificado de qualidade de processo de software, a exemplo de CMMi ou MPS.BR, como requisito de habilitação no certame licitatório." (**TCU, acórdão nº 2468, de 2017, Plenário**[217]). Também, *"a exigência de laudo de verificação de aderência de camada de tinta como condição para habilitação configura restrição indevida à competitividade."* (**TCU, acórdão nº1072, de 2016, Plenário**[218]). No **acórdão nº 1246,**

---

217 TCU, acórdão 2468/2017, Plenário, Rel. Min. José Mucio Monteiro, sessão em 08/11/2017

218 TCU, acórdão 1072/2016, Plenário, Rel. Min. Augusto Nardes, sessão em 04/05/2016

de 2016[219], ficou assentado que "é ilegal a exigência, como requisito de habilitação, de certificação junto a programas de parceria da Oracle (Oracle Gold ou superior) ou da Microsoft (Microsoft *Certified Silver Partner ou superior) de alto nível, pois não há previsão no rol taxativo do art. 30 da Lei 8.666/1993.*"

No mesmo sentido, *"na fase de habilitação, é ilegal a exigência de apresentação de laudos de ensaios técnicos para comprovação de qualidade de insumo ou produto. Desde que previsto no instrumento convocatório, na fase de propostas, a Administração pode exigir, do licitante provisoriamente classificado em primeiro lugar, em prazo razoável e suficiente para tal, a apresentação de amostra do produto ou insumo, acompanhada dos laudos técnicos necessários a comprovar a qualidade do bem a ser fornecido."* (TCU, acórdão nº 538, de 2015, Plenário[220]).

No acórdão nº 126, de 2018[221], ficou consignado que *"registro que o TCU possui sólida jurisprudência de que certificações do tipo ISO não podem ser utilizadas como critério para desclassificar as propostas e de que a administração deve aceitar certificações similares, não se restringindo a um certificador específico (e.g., Acórdãos 508/2013 e 539/2015, ambos do Plenário). Ademais, com a inserção do termo "preferencialmente" no item 10.17 do termo de referência, não fica claro se o certificado é verdadeiramente obrigatório e/ou se pode levar à rejeição da proposta ou a alguma outra penalidade, dando azo a uma indesejada subjetividade."*

Em especial, lembramos que a apresentação de Certificado de Boas Práticas de fabricação também foi exigência vedada pelo

---

219 TCU, acórdão 1246/2016, Plenário, Rel. Min. Marcos Bemquerer, sessão em 18/05/2016

220 TCU, acórdão 538/2015, Plenário, Rel. Min. Augusto Sherman, sessão em 18/03/2015

221 TCU, acórdão 126/2018, Plenário, Rel. Min. Bruno Dantas, sessão em 24/01/2018

TCU, **no acórdão** paradigma nº 4788, de 2016[222], *"é ilegal a exigência do Certificado de Boas Práticas de Fabricação e Controle (CBPF) como requisito de habilitação técnica em procedimentos licitatórios para compra de insumos empregados nos serviços públicos de saúde, pois: a) inexiste previsão específica em lei para tal exigência, afrontando o art. 30, inciso IV, da Lei 8.666/1993, cuja interpretação deve ser restritiva; b) o CBPF não garante o cumprimento das obrigações assumidas pelo particular perante o Poder Público; e c) constitui exigência excessiva, uma vez que o efetivo registro de medicamentos pressupõe a adoção prévia, pelo fabricante, das boas práticas de fabricação."*

Como exposto nos tópicos anteriores, o Projeto de Lei nº1292/95 possui sistemática normativa diferente, permitindo a exigência de comprovações de qualidade do bem ofertado, em especial no inc. I do art. 40, como prova de qualidade para a aceitação de marca; §6º do art. 17, exigência de certificação por organização independente acreditada pelo INMETRO.

ACÓRDÃO	ENTENDIMENTO
Acórdão TCU nº 126 de 2018, Plenário	registro que o TCU possui sólida jurisprudência de que certificações do tipo ISO não podem ser utilizadas como critério para desclassificar as propostas e de que a administração deve aceitar certificações similares, não se restringindo a um certificador específico (e.g., Acórdãos 508/2013 e 539/2015, ambos do Plenário). Ademais, com a inserção do termo "preferencialmente" no item 10.17 do termo de referência, não fica claro se o certificado é verdadeiramente obrigatório e/ou se pode levar à rejeição da proposta ou a alguma outra penalidade, dando azo a uma indesejada subjetividade.

---

222 TCU, acórdão 4788/2016, 1ª Câmara, Min. Rel. Bruno Dantas, sessão 19/07/2016

52. EXIGÊNCIA DE CERTIDÃO DE PROTESTO NA FASE HABILITATÓRIA

Todas as possíveis exigências para a fase habilitatória estão exaustivamente expostas nos arts. 27 a 32 da Lei 8.666, de 1993, não podendo o edital exigir outros documentos a par daqueles previstos na lei.

Com essa premissa, está vedado exigir certidão de protesto na fase habilitatória.

No **acórdão nº 1446, de 2015, o TCU**[223] entendeu indevida a "*9.3.6. exigência de Certidão de Protesto de Títulos para fins de qualificação econômico-financeira, a qual não se encontra inserida no rol de documentos previstos no art. 31 da Lei 8.666/1993, além de contrariar a jurisprudência deste Tribunal (Acórdãos 184/1998 e 1.391/2009, ambos do Plenário);*"

O TCU, no **acórdão nº 1391, de 2009**[224], determinou a exclusão de três itens do edital, a saber: 4.1.6 – **Certidão negativa de protestos**, expedida pelo(s) distribuidor(es) da sede da pessoa jurídica, com data de expedição de, no máximo, 60 (sessenta) dias corridos anteriores ao da data de entrega dos envelopes contendo os 'DOCUMENTOS DE HABILITAÇÃO', prevista neste edital. 4.1.7 – **Certidão negativa de Débitos Salariais de pessoa jurídica**, expedida pelo(s) distribuidor(es) da Sede da pessoa jurídica, válida na data de entrega do envelope 'DOCUMENTOS DE HABILITAÇÃO'. 4.1.8 – **Certidão negativa de Ilícitos Trabalhistas**, expedida pelo distribuidor da sede da pessoa jurídica, válida na data de entrega do envelope 'DOCUMENTOS DE HABILITAÇÃO'.

---

223 TCU, acórdão 1446/2015, Plenário, Rel. Min. Augusto Sherman, sessão em 10/06/2015

224 TCU, acórdão 1391/2009, Plenário, Rel. Min. Marcos Bemquerer, sessão em 24/06/2009

Determinando ao órgão, para continuar o certame que se abstenha "*de estabelecer, para efeito de habilitação dos interessados, exigências que excedam os limites fixados nos arts. 27 a 33 da Lei n. 8.666/1993*".

ACÓRDÃO	ENTENDIMENTO
Acórdão TCU nº 1446/2015 – Plenário	9.3.6. exigência de Certidão de Protesto de Títulos para fins de qualificação econômico-financeira, a qual não se encontra inserida no rol de documentos previstos no art. 31 da Lei 8.666/1993, além de contrariar a jurisprudência deste Tribunal (Acórdãos 184/1998 e 1.391/2009, ambos do Plenário);

53. EXIGÊNCIA DE REGISTRO EM ENTIDADE PROFISSIONAL APENAS PARA O CONSELHO QUE FISCALIZA A ATIVIDADE BÁSICA OU O SERVIÇO PREPONDERANTE DA LICITAÇÃO

O inc. I do art. 30 da Lei 8.666, de 1993, determina, quanto à documentação relativa à qualificação técnica, a exigência de registro ou inscrição na entidade profissional competente.

Como cediço, todas as exigências de habilitação possuem como pressuposto de validade a sua indispensabilidade para a boa execução do contrato, o requisito de habilitação volta-se para a preservação isonômica da lisura da seleção do melhor fornecedor.

O atestado de capacidade técnica deve estar limitado '*às parcelas de maior relevância e valor significativo do objeto da licitação*' (inc. I do §1º do art. 30) que também reflete sua argumentação e inteligência para a exigência do registro que deverá se circunscrever apenas ao conselho da atividade básica ou do serviço preponderante.

O TCU firmou posição neste sentido, nos **acórdãos nº 2769, de 2014, Plenário**[225], `a exigência de registro ou inscrição na entidade profissional competente, para fins de comprovação de qualificação técnica (art. 30, inciso I, da Lei 8.666/1993), deve se limitar ao conselho que fiscalize a atividade básica ou o serviço preponderante da licitação.´, **nº 3464, de 2017, 2ª Câmara**[226], 'a exigência de registro ou inscrição na entidade profissional competente, para fins de comprovação de qualificação técnica (art. 30, inciso I, da Lei 8.666/1993), deve se limitar ao conselho que fiscalize a atividade básica ou o serviço preponderante da licitação.'; **nº 5383, de 2016, 2ª Câmara**[227], 'a exigência de registro ou inscrição na entidade profissional competente, prevista no art. 30, inciso I, da Lei 8.666/1993, deve se limitar ao conselho que fiscalize a atividade básica ou o serviço preponderante da licitação'; **acórdão nº 4608, de 2015, 1ª Câmara**[228], 'Nas licitações públicas, é irregular a exigência de que as empresas de locação de mão de obra estejam registradas no Conselho Regional de Administração, uma vez que a obrigatoriedade de inscrição de empresa em determinado conselho é definida em razão de sua atividade básica ou em relação àquela pela qual preste serviços a terceiros, nos termos do art. 1º da Lei 6.839/1980.'; **nº 1884, de 2015, 1ª Câmara**[229], 'a exigência de registro ou inscrição na entidade profissional competente, para fins de comprovação de qualificação técnica (art. 30, inciso I, da Lei 8.666/1993),

---

225 TCU, acórdão 2769/2014, Plenário, Rel. Min. Bruno Dantas, sessão 15/10/5014

226 TCU, acórdão 3464/2017, Plenário, Rel. Min, André de Carvalho, sessão 25/04/2017

227 TCU, acórdão 5383/2016, 2ª Câmara, Rel. Min. Vital do Rêgo, sessão 10/05/2016

228 TCU, acórdão 4608/2015, 1ª Câmara, Rel. Min. Benjamin Zymler, sessão 18/08/2015

229 TCU, acórdão 1884/2015, 1ª Câmara, Rel. Min. Bruno Dantas, sessão em 07/04/2015

deve se limitar ao conselho que fiscalize a atividade básica ou o serviço preponderante da licitação'; **nº 5942, de 2014, 2ª Câmara**[230] *'só se pode exigir de empresa participante de licitação registro de seus responsáveis técnicos e de atestados de capacidade técnica no conselho de fiscalização responsável pela atividade básica ou serviço preponderante da empresa.';* **nº 447, de 2014, Plenário**[231], *'é ilegal exigir das empresas do ramo da indústria de mobiliário registro nos conselhos regionais de engenharia e agronomia. A atividade básica desenvolvida pela empresa é o fator determinante para a obrigatoriedade do seu registro no respectivo conselho de fiscalização profissional, conforme o disposto no art. 1º da Lei 6.839/1980.'.*

ACÓRDÃO TCU	ENTENDIMENTO
Acórdão TCU nº 2769/2014 – Plenário	9.2.1. restrição indevida à competitividade decorrente de exigências de habilitação impertinentes ou irrelevantes para o objeto a ser contratado, constantes dos itens 18.4.1, 18.5.1 e 18.5.1.1 do edital sob exame, em afronta ao art. 37, inciso XXI, da Constituição Federal de 1988, c/c art. 3º, caput e § 1º, inciso I, da Lei 8.666/1993, considerando que a jurisprudência do TCU se consolidou no sentido de que o registro ou inscrição na entidade profissional competente, previsto no art. 30, inciso I, da Lei 8.666/1993, deve se limitar ao conselho que fiscalize a atividade básica ou o serviço preponderante da licitação;
Acórdão TCU nº 3464/2017 – Segunda Câmara	A exigência de registro ou inscrição na entidade profissional competente, para fins de comprovação de qualificação técnica (art. 30, inciso I, da Lei 8.666/1993), deve se limitar ao conselho que fiscalize a atividade básica ou o serviço preponderante da licitação.

---

230 TCU, acórdão 5942/2014, 2ª Câmara, Rel. Min. Weder de Oliveira, sessão em 21/10/2014

231 TCU, acórdão 447/2014, Plenário, Rel. Min. José Jorge, sessão em 26/02/2014

54. EXIGÊNCIA DE CERTIDÃO DE INSOLVÊNCIA CIVIL PARA PESSOAS FÍSICAS OU NÃO-EMPRESÁRIAS

É permitida, em determinadas situações, a participação de pessoa física na licitação, nesse contexto, a Administração deve se atentar para as exigências de habilitação compatíveis com sua característica.

À pessoa física cujas dívidas excederem a importância dos seus bens (art. 748 do antigo Código de Processo Civil aplicável por força do art. 1052 do atual CPC) poderá ser decretada a insolvência civil. Com a declaração de insolvência todos os bens passíveis de penhora do devedor são arrecadados, no intuito de pagar aos credores. Também cabível para sociedades não empresárias.

São efeitos da decretação de insolvência civil: a) provoca o vencimento antecipado das dívidas; b) o devedor perde o direito de administrar e dispor de seus bens; c) os bens penhoráveis são arrecadados pelo Estado-Juiz; e d) ocorre a instauração da execução universal.

Em linhas gerais, assemelha-se à falência, e prevista na parte final do inc. II do art. 31 da Lei 8.666, de 1993, como certidão negativa de '*execução patrimonial*', que, corresponde a certidão negativa de insolvência civil e não meramente à existência de qualquer ação de execução contra a pessoa física, notadamente se ainda não citado ou se houver penhora ou estiver com a exigibilidade suspensa.

A insolvência civil está prevista, na Lei 8666, de 1993, com causa de rescisão contratual (art. 78, IX). A participação da pessoa insolvente na licitação, portanto, é irregular.

Nesse sentido, **no acórdão 2520, de 2017,** o TCU[232] entendeu que deveria ser incluído no edital a "*9.2.2.2. exi-*

---

[232] TCU acórdão 2520/2017, Plenário, Rel. Min. José Mucio Monteiro, sessão em 14/11/2017

gência para que os produtores rurais e demais pessoas não empresárias apresentem certidão negativa de insolvência civil expedida pela Justiça Estadual, em observância ao princípio da isonomia insculpido no art. 37, inciso XXI, da Constituição Federal e no art. 3º da Lei 8.666/1993 e observado o disposto no art. 748 do Código de Processo Civil (CPC) de 1973 e art. 1.052, do CPC/2015".

O art. 135, inc. IV, do Projeto de Lei nº 1292/95 permite a extinção do contrato em caso de insolvência civil, mantendo a orientação do inc. IX do art. 78 da Lei 8.666/93, portanto, não haverá alterações neste tópico.

ACÓRDÃO	ENTENDIMENTO
Acórdão TCU nº 8330/2017 – 2ª Câmara	9.2.2.2. exigência para que os produtores rurais e demais pessoas não empresárias apresentem certidão negativa de insolvência civil expedida pela Justiça Estadual, em observância ao princípio da isonomia insculpido no art. 37, inciso XXI, da Constituição Federal e no art. 3º da Lei 8.666/1993 e observado o disposto no art. 748 do Código de Processo Civil (CPC) de 1973 e art. 1.052, do CPC/2015.

55. PREVISÃO DE PAGAMENTO ANTECIPADO (ANTES DO ADIMPLEMENTO) SEM AS DEVIDAS JUSTIFICATIVAS

A Lei 8.666, de 1993, estabelece que o edital deve prever prazo de pagamento não superior a trinta dias, contado a partir da data final do período de adimplemento de cada parcela (art. 40, XIV, "a"). A regra legal, portanto, determina que a Administração pague somente após o cumprimento integral do contratado de suas obrigações.

Os arts. 62 e 63 da Lei 4.320, de 1964 (institui normas sobre direito financeiro), estabelecem, respectivamente, que '*O pagamento da despesa só será efetuado quando ordenado após sua regular liquidação*' e que '*A liquidação da despesa consiste na verificação do direito adquirido pelo credor tendo por base os títulos e documentos comprobatórios do respectivo crédito*'.

Para Marçal Justen Filho, a vedação de pagamento antecipado se refere ao fato de que a Administração não pode pagar em momento anterior àquele previsto no contrato, o que não impede à Administração de estabelecer a em contrato a possibilidade de haver pagamento antes da execução da prestação pelo particular[233].

Vemos que a própria lei de licitações prevê a possibilidade de haver antecipação de pagamento (art. 40, XIV, "d", Lei 8.666, de 1993).

Como exceção à regra de que os pagamentos somente podem ocorrer após o adimplemento do contratado, o TCU tem aceito que ocorra o pagamento antecipado, em situações excepcionais, exigindo, contudo, que sejam observados os seguintes requisitos: (i) previsão no ato convocatório; (ii) existência, no processo licitatório, de estudo fundamentado comprovando a real necessidade e economicidade da medida; e (iii) estabelecimento de garantias específicas e suficientes que resguardem a Administração dos riscos inerentes à operação (**Acórdão 2856/2019, Primeira Câmara**)[234].

Essas cautelas devem ser necessariamente observadas, tendo em vista que a realização de pagamento antecipado, sem justificativa do interesse público na sua adoção e sem as devidas garantias que assegurem o pleno cumprimento do objeto

---

233 JUSTEN FILHO, Marçal. Comentários a lei de licitações e contratos. 17ª ed. São Paulo: Revista dos Tribunais, 2016.

234 TCU, Acórdão 2856/2019, Primeira Câmara, Rel. Min. Walton Alencar Rodrigues. Sessão de 02/04/2019.

pactuado, pode ser tipificada como erro grosseiro para fins de responsabilização perante os tribunais de contas (**TCU, Acórdão 185/2019, Plenário**)[235].

O Tribunal de Contas de Minas Gerais já se manifestou sobre o assunto , no sentido de que, '*Como regra, o pagamento feito pela Administração é devido somente após o cumprimento da obrigação pelo particular, por determinação do art. 62 da Lei n. 4.320/1964. A antecipação de pagamentos é prática que deve ser rejeitada no âmbito do serviço público, para evitar beneficiamentos ilícitos e possibilitar a verificação do cumprimento do serviço contratado, antes do efetivo desembolso, conforme entendimento já firmado nesta Corte de Contas'.*

O art. 143 do Projeto de Lei nº 1292/95, possui importante densificação normativa do pagamento antecipado. Vale especial menção ao dimensionamento das hipóteses permissivas: "*se propiciar sensível economia de recursos ou se representar condição indispensável para a obtenção do bem ou para a prestação do serviço*".

Para assinatura de jornais, por exemplo, o pagamento é imediato com execução anual e não há como exigir garantia (ou mesmo outras cautelas), sob pena de inviabilizar o negócio.

Assim também, como observamos na prática, alguns objetos, como fornecimentos de galão de água e botijão de gás, o pagamento posterior, geralmente com certo atraso, prejudica demais o interesse na participação, com vários procedimentos (em especial, COTEP) fracassados. Vem em boa hora essa normatização.

---

235 TCU, Acórdão 185/2019, Plenário. Rel. Min. Benjamin Zymler. Sessão de 06/02/2019.

PAGAMENTO ANTECIPADO	
ACÓRDÃO	**ENTENDIMENTO**
TCU, Acórdão 185/2019 – Plenário	Para fins de responsabilização perante o TCU, pode ser tipificada como erro grosseiro (art. 28 do Decreto-lei 4.657/1942 – Lei de Introdução às Normas do Direito Brasileiro) a realização de pagamento antecipado sem justificativa do interesse público na sua adoção e sem as devidas garantias que assegurem o pleno cumprimento do objeto pactuado.
TCU, Acórdão 2856/2019 – Primeira Câmara	São requisitos para a realização de pagamentos antecipados: i) previsão no ato convocatório; ii) existência, no processo licitatório, de estudo fundamentado comprovando a real necessidade e economicidade da medida; e iii) estabelecimento de garantias específicas e suficientes que resguardem a Administração dos riscos inerentes à operação.
TCE/MG, Tomadas de Contas Especial nº 959091/2019	Como regra, o pagamento feito pela Administração é devido somente após o cumprimento da obrigação pelo particular, por determinação do art. 62 da Lei n. 4.320/1964. A antecipação de pagamentos é prática que deve ser rejeitada no âmbito do serviço público, para evitar beneficiamentos ilícitos e possibilitar a verificação do cumprimento do serviço contratado, antes do efetivo desembolso, conforme entendimento já firmado nesta Corte de Contas.

CAPÍTULO IV – MINUTA CONTRATUAL

56. DA NECESSIDADE DE PREVISÃO CONTRATUAL PARA PRORROGAÇÃO DA RELAÇÃO JURÍDICA NO SERVIÇO CONTÍNUO

À princípio, ressalvados os casos em que não há qualquer possibilidade de competição, a permissão de prorrogação fundada no inciso II do art. 57 da Lei 8666, de 1993, depende de expressa disposição no edital e no contrato, ainda que o serviço possa ser caracterizado como serviço contínuo, com as características da *essencialidade* e da *necessidade permanente* (TCU, acórdão nº 6528/2013[236] e TCU, acórdão nº 10138/2017[237]).

Destarte, apesar de antigo, **acórdão 132/2008, 2ª Câmara** bem caracteriza o caráter contínuo sendo determinado *"por sua essencialidade para assegurar a integridade do patrimônio público de forma rotineira e permanente ou para manter o funcionamento das atividades finalísticas do ente administrativo, de modo que sua interrupção possa comprometer a prestação de um serviço público ou o cumprimento da missão institucional"*[238].

Ainda que a prorrogação do vínculo contratual seja mera faculdade da Administração Pública (**TRF-2 – AMS 200251060011185 RJ 2002.51.06.001118-5**), sua possibilidade ou não é elemento essencial para a conformação dos custos do serviço e, portanto, da própria competição. A não previsão de prorrogação no instrumento, enquanto definição discricionária

---

236 TCU, acórdão 6523/2013, 1ª Câmara. Rel. Min. Benjamin Zymler. Sessão de 24/09/2013.

237 TCU, acórdão 10138/2017, 2ª Câmara. Rel. Min. Ana Arraes. Sessão de 28/11/2017.

238 TCU, acórdão 132/2008, 2ª Câmara. Rel. Min. Aroldo Cedraz. Sessão de 12/02/2008.

motivada da Administração, poderá conduzir ao afastamento de potenciais concorrentes (**TCU, acórdão nº 128 de 1999**[239]).

A orientação também está presente no Manual do TCU.[240]

Por fim, a área técnica demandante deve fundamentar, nos autos, a natureza contínua do serviço, ou seja, evidenciar a essencialidade e habitualidade na prestação, discriminando aqueles que são contínuos daqueles que não possuem estas características[241].

O Projeto de Lei nº1292/95 é expresso ao exigir, na alínea 'a' do inc. XXII do art. 6º, que conste disposição necessária, no termo de referência, sobre a possibilidade ou não de prorrogação.

57. DO PRAZO DE VIGÊNCIA NOS CONTRATOS DE LOCAÇÃO DE IMÓVEIS - IMPOSSIBILIDADE DE AJUSTES VERBAIS OU PRORROGAÇÕES AUTOMÁTICAS POR PRAZO INDETERMINADO

Por força do inc. I, do §3º, do art. 62 da Lei 8666, de 1993, não se aplicam as restrições temporais relativas à vigência das relações jurídicas de locação constantes do art. 57 do mesmo diploma. Assim, os contratos de locação poderão ter prazos superiores a 12 meses, bem como não se restringem sua execução a 60 meses, podendo ultrapassar tal lapso temporal.

---

239 TCU, acórdão 128/1999, Plenário. Rel. Min. Walton Alencar Rodrigues. Sessão de 28/07/1999.

240 (Brasil. Tribunal de Contas da União. Licitações e contratos: orientações e jurisprudência do TCU / Tribunal de Contas da União. – 4. ed. rev., atual. e ampl. – Brasília: TCU, Secretaria Geral da Presidência: Senado Federal, Secretaria Especial de Editoração e Publicações, 2010).

241 Erro bastante comum é afirmar genericamente que o objeto seja contínuo, quando alguns itens deste mesmo objeto serão de execução instantânea ou serão exauridos pelo seu cumprimento (v.g. instalação)

Contudo, não se recomenda a prorrogação automática dos contratos de locação e nem a ajustes verbais de locação, observando a posição respondida na **consulta nº 1127, de 2009, do TCU**[242] e da doutrina[243]. No mesmo sentido, a PGE/ES, no parecer nº 786/2012, no processo nº 55988164.

Segundo Alice Maria Gonzalez Borges, in *"A Administração Pública como Locatária"*, in BDA, dezembro de 1995, p. 733, *"parte relativa à duração do contrato (inc.VI) e das garantias oferecidas pelo locatário (inc. VII), há de prevalecer a legislação civil aplicável às locações,* já que tais dispositivos não foram expressamente destacados pelo art. 62, § 3º, da Lei 8.666/93, e, evidentemente, não se adaptariam às peculiaridades do contrato de locação".

A Coordenação de Licitações e Contratos da Advocacia-Geral do Estado de Minas Gerais já se posicionou sobre o assunto na **nota jurídica nº 167, de 2017**, concluindo que *"a) A Lei Federal nº 8.666/1993 prevê no parágrafo único do art. 60 que, ressalvado o caso de pequenas compras de pronto pagamento, assim entendidas aquelas de valor não superior a 5% (cinco por cento) do limite estabelecido no art. 23, inciso II, alínea "a" desta Lei, feitas em regime de adiantamento, é nulo e de nenhum efeito o contrato verbal com a Administração. b) Com fulcro no Acórdão do Plenário do TCU nº 1.127/2009 e conforme exposto nesta nota jurídica, entendemos, por prudência, no sentido de* **vedar** *a possibilidade de ajustes verbais e prorrogações automáticas aos contratos de locação em que a Administração Pública figure como locatária. A Administração sempre está subordinada ao direito público no que se refere ao motivo, finalidade, competência, forma e procedimento de seus contratos; c) A Administração deve atuar sempre vinculada ao atendimento de uma finalidade pública, e, como corolário lógico desta vinculação, surge a necessidade de publicização dos atos praticados, de modo a possibilitar a incidência de um controle finalístico da atividade pú-*

---

242 TCU, acórdão 1127/2009, Plenário, Rel. Min. Benjamin Zymler, sessão 27/05/2009

243 TORRES, Ronny Charles Lopes de. Leis de Licitações públicas comentadas – 7. Ed. – Salvador: Ed. JusPodivm, 2015, p. 595

blica conferida, ocasionando, portanto, a necessidade do aditamento contratual para a "renovação" do contrato de locação do imóvel".

É equivocado, portanto, nas minutas contratuais, constar referência, na cláusula da vigência, ao art. 57 da Lei 8.666, de 1993, mas por outro lado igualmente não se recomenda constar prazo indeterminado.

Não se olvidam dois enunciados sumulados pelo TCEMG, nºs 47 e 59, permitindo a prorrogação independente de formalização de instrumento próprio (aditivo), ou seja, aceitando o prazo indeterminado e prorrogação automática.

Não obstante parece mais prudente ao gestor evitar ajustes verbais ou prorrogações automáticas por prazo indeterminado, mesmo porque a vantajosidade da manutenção do vínculo e a existência de disponibilidade financeiro-orçamentária devem ser analisadas e comprovadas a cada exercício financeiro.

A posição do TCU[244] parece, com o máximo respeito, ser mais adequada e prudente:

> "Contudo, a mera participação de ente da Administração em uma relação contratual caracteristicamente privada não deve significar a incidência integral do regime de direito público. Daí a necessidade de se diferenciar os contratos privados praticados pela Administração dos contratos administrativos propriamente ditos. (…) Não há óbice, pois, a prorrogações sucessivas de contrato em que a Administração seja locatária com fundamento no art. 24, X, da Lei 8.666/1993 (…) partilho do entendimento de que não se aplica aos contratos de locação em que a Administração Pública é locatária a possibilidade de ajustes verbais e prorrogações automáticas por prazo indeterminado, condição prevista no art. 47 da Lei 8.245/1991 (…)."

Lado outro, se no instrumento contratual constar expressa referência ao art. 57, inciso II da Lei 8.666, de 1993, não se recomenda a prorrogação além do prazo previsto na cláusula contratual.

---

244 Resposta à consulta da Advocacia Geral da União. TCU acórdão 1127 de 2009, Rel. Min. Benjamin Zymler. Sessão 27/05/2009.

58. DESVINCULAÇÃO DO TERMO DE VIGÊNCIA E DA GARANTIA DO PRODUTO

O prazo de vigência do contrato não deve ser estabelecido abarcando o período de garantia técnica, de modo que o prazo de vigência do contrato relaciona-se à execução do objeto, ou seja, ao lapso temporal suficiente e adequado para cumprimento do objeto, atrelado ao exercício financeiro (art. 57 da Lei 8.666, de 1993).

Mesmo porque a entrega total do bem, com o recebimento definitivo, implica exaurimento do objeto e extinção do vínculo, independentemente do prazo temporal de vigência; não obstante, a extinção do vínculo contratual não impede a reclamação da Administração por eventuais vícios ocultos (art. 69 c/c §2º do art. 73 da Lei 8.666, de 1993).

O término da vigência do contrato não prejudica a garantia do produto que se estende pelo período concedido pela lei ou pela convenção das partes.

Nesse sentido, a decisão paradigma do TCU, **acórdão nº 202, de 2002, 1ª Câmara**[245], *'II – observe, nas contratações futuras, as disposições constantes da Lei nº 8.666/93, art. 57, que dispõe sobre o prazo da duração dos contratos, sem incluir no período de vigência o prazo de garantia, uma vez que esse direito, de acordo com o que preceitua o art. 69, e o § 2º, do art. 73, todos da Lei nº 8.666/93, perdura após a execução do objeto do contrato.'*

Neste julgado, que tratou de contratação de serviços de informática, o Ministro relator Walton Alencar Rodrigues entendeu que *"13. É bem verdade que a garantia declarada no texto legal, consoante preceitua o art. 69, e o § 2º, do art. 73,*

---

245 TCU, acórdão 202/2002, Plenário, Rel. Min. Walton Alencar Rodrigues, sessão em 29/05/2002

da Lei 8666/93, ou a garantia contratual prevista no o art. 50 e seu parágrafo único da Lei 8078/90 (Código de Defesa do Consumidor) não necessitava ter seu prazo de vigência inserido no período de duração do contrato, protelando assim a vigência do termo para além do prazo máximo estabelecido na Lei das Licitações (...) 15Assim, o período de duração do contrato deve incluir apenas as etapas de consecução de seu objeto, posto que o direito relativo à garantia legal ou contratual subsiste depois de executado o contrato, conforme se depreende das normas contidas no Estatuto das Licitações – art. 69, e o § 2º, do art. 73, da Lei 8666/93. Esse direito nasce com a avença, mas perdura além da contratação, pelo prazo acordado entre as partes."

Esta é a posição adotada pela AGU na orientação normativa nº 51, de 2014, *"A GARANTIA LEGAL OU CONTRATUAL DO OBJETO TEM PRAZO DE VIGÊNCIA PRÓPRIO E DESVINCULADO DAQUELE FIXADO NO CONTRATO, PERMITINDO EVENTUAL APLICAÇÃO DE PENALIDADES EM CASO DE DESCUMPRIMENTO DE ALGUMA DE SUAS CONDIÇÕES, MESMO DEPOIS DE EXPIRADA A VIGÊNCIA CONTRATUAL."*

ACÓRDÃO	ENTENDIMENTO
Acórdão TCU nº 202/2002 – 1ª Câmara	'II – observe, nas contratações futuras, as disposições constantes da Lei nº 8.666/93, art. 57, que dispõe sobre o prazo da duração dos contratos, sem incluir no período de vigência o prazo de garantia, uma vez que esse direito, de acordo com o que preceitua o art. 69, e o § 2º, do art. 73, todos da Lei nº 8.666/93, perdura após a execução do objeto do contrato.'

CAPÍTULO V – FASE DE JULGAMENTO E RECURSAL

59. DILIGÊNCIA DO PREGOEIRO - LIMITES

O § 3º do art. 43 da Lei 8.666, de 1993, aplicável subsidiariamente também ao pregão, permite/faculta a promoção de diligência, em qualquer fase da licitação, destinada a esclarecer ou complementar a instrução do processo, desde que não implique juntada de documento novo, inclusive se omisso for o edital (**TCU, acórdão nº 2459, de 2013**[246]).

Essa permissão, na verdade, ganha contornos de obrigatoriedade, de modo que *'é irregular a desclassificação de proposta vantajosa à Administração por erro de baixa materialidade que possa ser sanado, mediante diligência, por afrontar o interesse público'*, em caso de erros de *'baixa materialidade'* (**TCU, acórdão nº 2239, de 2018, Plenário**[247]) ou *'de pouca relevância'* (**TCU, acórdão nº 3615, de 2013, Plenário**[248]).

É fundamental perceber que a diligência serve para que a Administração exerça plenamente sua motivação e encontre a realidade subjacente ao apresentado pelos documentos, de modo que *'deve promover diligências para aclarar os fatos e confirmar o conteúdo dos documentos que servirão de base para a tomada de decisão'* (**TCU, Plenário, acórdão nº 3418, de 2014**[249]).

Circunstância bastante comum é apresentação de erro material ou omissão na planilha de custos e de preços, caso em que *'não en-*

---

246 TCU, acórdão 2459/2013, Plenário, Rel. Min. José Mucio Monteiro, sessão em 11/09/2013

247 TCU, acórdão 2239/2018, Plenário, Rel. Min. Ana Arraes, sessão em 26/09/2018

248 TCU, acórdão 3615/2013, Plenário, Rel. Min. Valmir Campelo, sessão em 10/12/2013

249 TCU, acórdão 3418/2014, Plenário, Rel. Min. Marcos Bemquerer, sessão em 03/12/2014

seja, necessariamente, a desclassificação antecipada da sua proposta, devendo a Administração promover diligência junto ao interessado para a correção das falhas, sem permitir, contudo, a alteração do valor global originalmente proposto.' (TCU, acórdão nº 830, de 2018, Plenário[250]). Considerado erro sanável, por ser formal, a apresentação de custo unitário contendo salário de categoria profissional inferior ao piso estabelecido em acordo, convenção ou dissídio coletivo (TCU, acórdão nº 719, de 2018, Plenário[251]).

Também considerada irregular a desclassificação pelo uso de terminologia incorreta na definição de exigência do edital, *'sem que tenham sido efetuados procedimentos para esclarecer o erro ou suprir as informações requeridas'* (TCU, acórdão nº 2972, de 2015, Plenário[252]).

Diligência também possível é a verificação das instalações físicas e equipamentos a fim de comprovar as condições declaradas pela licitante (TCU, acórdão nº 10049, de 2017, 1ª Câmara[253]).

Outra hipótese de aplicação do §3º do art. 43 ocorre nas situações em que o atestado de capacidade técnica está omisso quanto a elementos para efetiva verificação da realidade que a declaração parece trazer, em razão de ausência de informação exigida no edital. Neste caso, o TCU, no acórdão nº 1795, de 2015[254], também entendeu possível a realização de diligência, e mais, entendeu que não realizar a diligência seria irregular e poderia *'representar formalismo exagerado, com prejuízo à competitividade do certame'.*

---

250 TCU, acórdão 830/2018, Plenário, Rel. Min. André de Carvalho, sessão em 18/04/2018

251 TCU, acórdão 719/2018, Plenário, Rel. Min. Bruno Dantas, sessão em 04/04/2018

252 TCU, acórdão 2972/2015, Plenário, Rel. Min. José Mucio Monteiro, sessão em 18/11/2015

253 TCU, acórdão 10049/2017, 1ª Câmara, Rel. Min. Walton Alencar Rodrigues, sessão em 24/10/2017

254 TCU, acórdão 1795/2015, Plenário, Rel. Min. José Mucio Monteiro, sessão em 22/07/2015

Como regra geral, 'não cabe a inabilitação de licitante em razão de ausência de informações que possam ser supridas por meio de diligência, facultada pelo art.43, §3°, da Lei 8.666/93, desde que não resulte inserção de documento novo ou afronta à isonomia entre os participantes.' (TCU, acórdão n° 2873, de 2014, Plenário[255]).

Por fim, registra-se que, ocorrida a diligência e o interessado tendo apresentado informações e documentos esclarecedores, deverá ser oportunizado contraditório, notadamente se essa documentação fundamentar proposta de mérito desfavorável à parte (TCU, acórdão n° 1601, de 2014, Plenário[256]).

O Projeto de Lei n° 1292/95 mantém essa orientação, como se observa do §1° do art. 62.[257]

ACÓRDÃO	ENTENDIMENTO
Acórdão TCU n° 918/2014-Plenário	A inabilitação de licitante em virtude da ausência de informações que possam ser supridas por meio de diligência, de que não resulte inserção de documento novo ou afronta à isonomia entre os participantes, caracteriza inobservância à jurisprudência do TCU.
Acórdão TCU n° 3418/2014-Plenário.	Ao constatar incertezas sobre o cumprimento de disposições legais ou editalícias, especialmente dúvidas que envolvam critérios e atestados que objetivam comprovar a habilitação das empresas em disputa, o responsável pela condução do certame deve promover diligências para aclarar os fatos e confirmar o conteúdo dos documentos que servirão de base para a tomada de decisão da Administração (art. 43, § 3°, da Lei 8.666/93).

---

255 TCU, acórdão 2873/2014, Plenário, Rel. Min. Augusto Sherman, sessão em 29/10/2014

256 TCU, acórdão 1601/2014, Plenário, Rel. Min. Benjamin Zymler, sessão em 18/06/2014

257 Art. 62§ 1° No julgamento da habilitação, a comissão de licitação poderá sanar erros ou falhas que não alterem a substância dos documentos e sua validade jurídica, mediante despacho fundamentado registrado e acessível a todos, atribuindo-lhes eficácia para fins de habilitação e classificação.

60. DESCLASSIFICAÇÃO ANTECIPADA POR ERRO MATERIAL NA PLANILHA DE CUSTOS

O TCU vem entendendo que a mera existência de erro material ou de omissão na planilha de custos e de preços de licitante não enseja, necessariamente, a desclassificação antecipada da sua proposta, devendo a Administração promover diligência junto ao interessado para a correção das falhas, sem permitir, contudo, a alteração do valor global originalmente proposto.

Dessa forma, o pregoeiro (ou a comissão licitante), ao analisar uma proposta e identificar algum erro na planilha de custos, deve oportunizar ao licitante que o corrija, desde que não haja majoração do valor global originalmente proposto.

Ainda de acordo com o TCU, **nenhum sobrepreço unitário é aceitável**, ainda que a planilha orçamentária apresente preço global inferior aos referenciais adotados por este Tribunal (**Acórdão 3.473/2014**[258]).

Poderíamos citar, no mesmo contexto, a disposição do §1º do art. 62 para permitir a correção de erros formais na planilha de custos, com oportunidade de alteração sem determina a exclusão imediata do licitante

---

258 TCU, acórdão 3473/2014, Plenário. Rel. Min. Bruno Dantas. Sessão de 03/12/2014.

DESCLASSIFICAÇÃO ANTECIPADA POR ERRO MATERIAL PLANILHA DE CUSTOS	
ACÓRDÃO	**ENTENDIMENTO**
Acórdão TCU n° 719/2018-Plenário	O fato de o licitante apresentar composição de custo unitário contendo salário de categoria profissional inferior ao piso estabelecido em acordo, convenção ou dissídio coletivo de trabalho é, em tese, somente erro formal, o qual não enseja a desclassificação da proposta, podendo ser saneado com a apresentação de nova composição de custo unitário desprovida de erro, em face do princípio do formalismo moderado e da supremacia do interesse público.
Acórdão TCU n° 830/2018-Plenário	A mera existência de erro material ou de omissão na planilha de custos e de preços de licitante não enseja, necessariamente, a desclassificação antecipada da sua proposta, devendo a Administração promover diligência junto ao interessado para a correção das falhas, sem permitir, contudo, a alteração do valor global originalmente proposto.
Acórdão TCU n° 2546/2015-Plenário	A existência de erros materiais ou de omissões nas planilhas de custos e preços das licitantes não enseja a desclassificação antecipada das respectivas propostas, devendo a Administração contratante realizar diligências junto às licitantes para a devida correção das falhas, desde que não seja alterado o valor global proposto. Cabe à licitante suportar o ônus decorrente do seu erro, no caso de a Administração considerar exequível a proposta apresentada. (...) a Administração poderia ter lhe oportunizado chance de retificar a planilha de custos, com a inclusão das cláusulas faltantes, desde que não houvesse majoração do preço proposto. Essa previsão encontra-se respaldada na jurisprudência do TCU, conforme observado nos Acórdãos 4.621/2009-2ª Câmara e no Acórdão 187/2014-Plenário, entre outros.
Acórdão TCU n° 3473/2014-Plenário	(...) quando se trata de análise de edital de licitação, nenhum sobrepreço unitário é aceitável, ainda que a planilha orçamentária apresente preço global inferior aos referenciais adotados por este Tribunal, nos termos do art. 8°, §§ 3° e 4°, da Lei 12.432/2011. Dessa forma, caberia a aplicação da metodologia descrita no Acórdão 2.319/2009-TCU-Plenário, de forma a não considerar eventuais compensações para fins de cálculo do sobrepreço.

61. DA ADMISSIBILIDADE DO RECURSO: REJEIÇÃO SUMÁRIA DA INTENÇÃO DE RECURSO NO PREGÃO ELETRÔNICO OU PRESENCIAL

Após declarado o licitante classificado em primeiro lugar, qualquer licitante poderá manifestar imediata e motivadamente a sua intenção de recorrer, sendo concedido ao recorrente o prazo de três dias para apresentar as razões de recurso (art. 4º, XVIII, da Lei 10.520, de 2002).

O pregoeiro ou a Comissão de Licitação, para fins de juízo de admissibilidade do recurso, não poderá realizar exame prévio do mérito do recurso, negando provimento ao mesmo, poderá apenas não conhecer do recurso, caso verifique ausentes quaisquer pressupostos recursais, como sucumbência, tempestividade, legitimidade, interesse e motivação.

Conforme reiterados pronunciamentos dos Tribunais de Contas, *"no pregão, o exame do registro da intenção de recurso deve limitar-se à verificação dos requisitos de sucumbência, tempestividade, legitimidade, interesse e motivação, não podendo o mérito do recurso ser julgado previamente à apresentação das razões e contrarrazões recursais"*. (**Acórdão nº 1168, de 2016, TCU/Plenário**[259])[260].

Eventual comportamento com o mero intuito emulatório ou procrastinatório poderá ser objeto de específico processo

---

259 TCU Acórdão 1168/ 2016, Plenário. Rel. Min. Bruno Dantas. Sessão de 11/05/2016.

260 No mesmo sentido, entre tantos outros, **acórdãos nºs 2961, de 2015, 1020, de 2015, 757, de 2015, 1542, de 2014, todos do Plenário**.

administrativo punitivo, mas não há previsão legal para que o pregoeiro ou a Comissão de Licitação negue provimento ao recurso sem análise das razões e das contrarrazões.

Lembramos, por fim, que a preclusão do direito de recurso de licitante, por motivo de não apresentação da intenção recursal no prazo devido, não impede a Administração de exercer o poder-dever de rever os seus atos ilegais, nos termos do art. 63, § 2º, da Lei 9.784/1999 e da Súmula STF 473 (**TCU, Acórdão nº 830/2018, Plenário**)[261].

---

261 TCU, Acórdão nº 830/2018, Plenário, Rel. Min. André de Carvalho, Sessão de 18/04/2018.

CAPÍTULO VI – FASE DE EXECUÇÃO CONTRATUAL

62. PRORROGAÇÃO DA VIGÊNCIA DOS CONTRATOS POR ESCOPO COM O FUNDAMENTO LEGAL DA PRORROGAÇÃO DOS SERVIÇOS DE NATUREZA CONTÍNUA

Nos contratos por escopo, há imposição ao contratado de realizar uma conduta específica e definida, sendo que, uma vez cumprida a prestação, o contrato estará exaurido[262]. São exemplos de contrato por escopo: a compra e venda de um imóvel, uma obra, um serviço de engenharia específico, alguma encomenda de análise laboratorial específica de um determinado produto etc.

A respeito desse tema, a Advocacia Geral da União no Parecer n.º 13/2013/CPLC/DEPCONSU/PGF/AGU, colacionou *"que nos contratos de execução continuada, o serviço é prestado enquanto o contrato existir, já nos contratos de escopo o que interessa é a conclusão do objeto, sendo o prazo elemento acessório, condicionado ao objeto"*.

No contrato por escopo, o prazo depende do objeto. Assim, um contrato para execução de determinado objeto terá "X" dias a depender da dimensão do objeto; o objeto (a obra, por exemplo) é que determina o prazo. Já no contrato de execução continuada, o serviço será prestado por tanto tempo quanto seja o prazo de vigência do contrato; no caso, o prazo de vigência é que determina o objeto (a prestação do serviço).

No contrato por escopo, o objeto está no centro da contratação e o prazo é quem o rodeia; o prazo de vigência é estabelecido em função do objeto a ser executado. No outro caso

---

262 JUSTEN FILHO, Marçal. Comentários a lei de licitações e contratos. 17ª ed. São Paulo: Revista dos Tribunais, 2016.

(execução continuada), o prazo é que condiciona o objeto, uma vez que o serviço é prestado enquanto vigente o contrato. No contrato por escopo, o prazo é acessório e o objeto o que mais importa (motivação principal), já no caso de execução continuada, o prazo durante o qual o serviço será prestado é primordial, condicionando a própria prestação do serviço.

De acordo com a Instrução Normativa MPOG nº 05, de 26 de maio de 2017, Anexo IX, item 2, *"Os contratos por escopo têm vigência por período determinado, podendo excepcionalmente ser prorrogado pelo prazo necessário à conclusão do objeto, desde que justificadamente e observadas as hipóteses legais previstas no § 1º do art. 57 da Lei nº 8.666, de 1993"*.

Segundo o TCU, *"Nos contratos por escopo a Administração contrata tendo em vista a obtenção de um bem determinado. O escopo do contrato estará consumado quando entregue o bem. Certo deve estar que a fixação do prazo é relevante para que a Administração possa exigir do particular executante um mínimo de eficiência e celeridade necessário para a satisfação do interesse público"* (**Acórdão TCU 127/2016-Plenário**[263]).

Por sua vez, os contratos de execução continuada estabelecem o dever de realizar uma conduta que se renova ou se mantém no decurso do tempo, a exemplo dos contratos de limpeza e conservação, de apoio administrativo, de manutenções preventivas e corretivas em geral (veicular, predial, ar condicionado, elevadores, equipamentos de informática etc.). Nas palavras de Marçal Justen Filho[264]:

> Já os contratos de execução continuada impõem à parte o dever de realizar uma conduta que se renova ou se mantém no decurso do tempo. Não há uma conduta específica e definida cuja execução libere o devedor. Assim se passa,

---

263 TCU, acórdão 127/2016, Plenário. Rel. Min. André de Carvalho, Sessão de 27/01/2016.

264 JUSTEN FILHO, Marçal. Comentários a lei de licitações e contratos. 17ª ed. São Paulo: Revista dos Tribunais, 2016.

por exemplo, com o contrato de locação. O locador deve entregar o bem locado ao locatário e assegurar-lhe a integridade da posse durante o prazo previsto. Outro exemplo é o contrato de prestação de serviços de limpeza, que impõe ao contratado a obrigação de realizar a mesma atividade todos os dias. Nesse caso, a execução pelo contratado da atividade de limpeza do edifício no primeiro dia do contrato não significa o exaurimento do objeto contratual.

Umas das principais diferenças acerca de contratos por escopo e contratos de serviços contínuos, é que a prorrogação dos contratos por escopo terá seu fundamento no art. 57, I e § 1º da Lei 8.666, de 1993, enquanto os contratos de serviços contínuos terão sua prorrogação fundada no inciso II do art. 57. **É justamente nesse ponto que residem os erros cometidos nos processos licitatórios, pois é muito usual que as minutas contratuais prevejam a prorrogação dos contratos por escopo fundamentada no inciso II, do art. 57 da Lei 8.666, de 1993, quando, em verdade, o correto fundamento seriam as (excepcionais) hipóteses previstas no § 1º do mesmo art. 57, a saber:**

Art. 57 (...)

§ 1º Os prazos de início de etapas de execução, de conclusão e de entrega admitem prorrogação, mantidas as demais cláusulas do contrato e assegurada a manutenção de seu equilíbrio econômico-financeiro, desde que ocorra algum dos seguintes motivos, devidamente autuados em processo:

I – alteração do projeto ou especificações, pela Administração;

II – superveniência de fato excepcional ou imprevisível, estranho à vontade das partes, que altere fundamentalmente as condições de execução do contrato;

III – interrupção da execução do contrato ou diminuição do ritmo de trabalho por ordem e no interesse da Administração;

IV – aumento das quantidades inicialmente previstas no contrato, nos limites permitidos por esta Lei;

V – impedimento de execução do contrato por fato ou ato de terceiro reconhecido pela Administração em documento contemporâneo à sua ocorrência;

VI – omissão ou atraso de providências a cargo da Administração, inclusive quanto aos pagamentos previstos de que resulte, diretamente, impedimento ou retardamento na execução do contrato, sem prejuízo das sanções legais aplicáveis aos responsáveis.

Vejamos a tabela-resumo:

	EXEMPLOS	FUNDAMENTOS PARA PRORROGAÇÃO DE VIGÊNCIA
CONTRATOS POR ESCOPO	Compra e venda de bens, execução de obras, análise laboratorial de um produto específico.	Art. 57, I e § 1º, I-VI, da Lei 8.666, de 1993.
CONTRATOS DE SERVIÇOS CONTINUADOS	Limpeza e conservação, apoio operacional, manutenções preventivas e corretivas em geral (veicular, predial, ar condicionado, bebedouros, elevadores, equipamentos de informática).	Art. 57, II, da Lei 8.666, de 1993.

63. PRORROGAÇÃO APÓS EXPIRADO PRAZO DE VIGÊNCIA

Sabe-se que a extinção do contrato administrativo pode se dar por diversas razões, tais como o cumprimento do objeto, término do prazo de vigência, invalidação por alguma nulidade na licitação ou contrato, rescisão (unilateral, amigável ou judicial) e até mesmo por arbitragem (Lei 9.307, de 1996)[265].

---

265 CARVALHO FILHO, José dos Santos. Manual de Direito Administrativo. 32 ed. São Paulo: Atlas, 2018.

Assim, temos como uma forma da extinção do vínculo contratual o término do prazo de vigência contratualmente estipulado. Não raro ocorre de aditivos contratuais aportarem no órgão jurídico após expirado o prazo de vigência. Sem sombra de dúvidas, uma vez extinta a relação contratual, é fática e juridicamente inviável a prorrogação da avença, uma vez que o vínculo se tornou insubsistente/inexistente.

O TCU já se manifestou no sentido de que a prorrogação de contratos após expirado seu período de vigência é absolutamente nula (TCU, Acórdão n°s 451/2000[266]; 1335/2009[267]).

Esse também é o entendimento de Hely Lopes Meirelles[268]:

> A expiração do prazo de vigência, sem prorrogação, opera de pleno direito a extinção do ajuste, exigindo novo contrato para continuação das obras, serviços ou compras anteriormente contratados. O contrato extinto não se prorroga, nem se renova: é refeito e formalizado em novo instrumento, inteiramente desvinculado do anterior.

A despeito desse entendimento, o próprio TCU já acolheu, **em caráter excepcional**, na análise de alguns casos concretos, a tese de diferenciar os efeitos da extinção do prazo de contratos de obra (contrato por escopo). No **Acórdão 127/2016-Plenário**[269], entendeu-se ser possível considerar, **no caso concreto, os períodos de paralisação por iniciativa da contratante como períodos de suspensão da contagem do prazo de vigência do contrato de obras**, com o intuito de evitar

---

266 TCU, decisão 451/200. Rel. Min. Benjamin Zymler. Sessão de 28/11/2000.

267 TCU, acórdão 1335/2009. Rel. Min. Raimundo Carreiro. Sessão de 17/06/2009.

268 MEIRELLES, Hely Lopes. Licitação e contrato administrativo. 12. ed. São Paulo: Malheiros, 1999. p. 214.

269 TCU, acórdão 127/2016. Rel. Min. André de Carvalho. Sessão de 27/01/2016.

o prejuízo ao interesse público, mesmo diante da inércia do agente em formalizar tempestivamente o devido aditamento para a *prorrogação* do prazo de conclusão do objeto.

Em importante parecer jurídico referencial, Parecer nº 13/2013/CPLC/DEPCONSU/PGF/AGU, a AGU analisou as consequência do encerramento do prazo de vigência nos contratos por escopo, igualmente concluindo pela inviabilidade de prorrogação: *'não se admite a prorrogação de contrato administrativo depois de encerrada sua vigência, ainda que se trate de contrato de escopo',* justamente por entender que não se trata de vício convalidável.

Dessa maneira, a despeito do pontual precedente permissivo, permanece a máxima de que os contratos cuja vigência tenha chegado ao fim, são improrrogáveis.

PRORROGAÇÃO APÓS EXPIRADA A VIGÊNCIA	
ACÓRDÃO	**ENTENDIMENTO**
Acórdão TCU nº 127/2016-Plenário	Em regra **a prorrogação do contrato administrativo deve ser efetuada antes do término do prazo de vigência, mediante termo aditivo, para que não se opere a extinção do ajuste**. Entretanto, excepcionalmente e para evitar prejuízo ao interesse público, nos contratos de escopo, diante da inércia do agente em formalizar tempestivamente o devido aditamento, **é possível considerar os períodos de paralisação das obras por iniciativa da Administração contratante como períodos de suspensão da contagem do prazo de vigência do ajuste**.
Acórdão TCU nº 1335/2009-Plenário	9.9.5. não realize serviços sem a devida cobertura contratual e não celebre contratos e aditivos com prazos de vigência retroativos, evitando situações irregulares semelhantes às dos Contratos 029-ST/2004/0001, firmado com a empresa Artplan Comunicação S.A., e 030-ST/2004/0001, com a Signo Comunicação Ltda. (...) A celebração de termo aditivo de prorrogação da vigência do Contrato 029-ST/2004-0001, firmado com a empresa Artplan Comunicação S.A., cuja vigência estava expirada (alínea "e"), **constitui infração a norma legal, revestindo-se de gravidade suficiente para justificar a sanção dos responsáveis.**
Acórdão TCU nº 1808/2008-Plenário	É sabido que o contrato administrativo é sempre bilateral e, em regra, formal. Assim no que diz respeito à matéria aditamento é importante que a administração pública diligencie para que a assinatura dos termos de aditamento seja promovida até o término da vigência contratual, uma vez que, após o decurso do prazo, numa visão positivista, o contrato considera-se extinto.
Acórdão TCU nº 451/2000-Plenário	8.2.5. abstenha-se de prorrogar contratos após o encerramento de sua vigência, uma vez que tal procedimento é absolutamente nulo. (...) a.7) observe, para a prorrogação do prazo das convenções (propostas, contratos, aditivos) de que tratam a Lei n.º 8.666/93, a necessidade de que o ato de prorrogação dê-se sempre dentro do prazo de vigência original, evitando que o mesmo ocorra após expirada a vigência da convenção e inexistente o seu objeto (itens 5.2.2 e 6.3.5 retro);

64. RENOVAÇÃO DA GARANTIA NO CASO DE PRORROGAÇÃO DE VIGÊNCIA OU DE EXECUÇÃO

A garantia contratual tem como intuito assegurar a plena execução do objeto contratual, deverá constar obrigatoriamente no contrato (inc. VI do art. 55 da Lei 8666, de 1993) e somente poderá ser liberada após a execução do contrato (§4º do art. 56), portanto, nas prorrogações, deverá ser exigida sua renovação, observado o valor atualizado do contrato (§2º do art. 56 e TCU, **acórdãos nºs 2372, de 2013**[270], **3253, de 2011**[271], **e 1836, de 2008**[272], **todos do Plenário**).

Como ponderado pelo TCU, no **acórdão nº 2599, de 2011, Plenário**[273], ao analisar o achado de que, na efetivação dos aditivos não teria sido dispensada a exigência de garantia, concluiu que*"231. Ao não exigir a prestação da garantia contratual, a CAIXA deixou de se resguardar quanto a problemas de caráter financeiro que poderiam ter advindos da execução contratual, visto que a finalidade da garantia é assegurar a plena prestação dos serviços nos termos pactuados e, em caso de dano, promover o ressarcimento à Administração"*, cientificando quanto *"9.3.6. descumprimento do disposto no art. 56, § 4º, da Lei nº 8.666/93, em razão da não prestação de garantia quando dos aditamentos celebrados para o contrato firmado com a empresa (...);"*

---

270 TCU, acórdão 2372/2013, Plenário, Rel. Min. Raimundo Carreiro, sessão em 04/09/2013

271 TCU, acórdão 3253/2011, Plenário, Rel. Min. Augusto Sherman, sessão em 07/12/2011

272 TCU, acórdão 1836/2008, Plenário, Rel. Min. Ubiratan Aguiar, sessão em 27/08/2008

273 TCU, acórdão 2599/2011, Plenário. Rel. Min. Valmir Campelo. Sessão 28/09/2011

A recomendação é de que *"9.1.1. adote providências no sentido de manter atualizados os valores das garantias contratuais oferecidas pelo Consórcio [omissis] (art. 56, § 2º, da Lei 8.666/93), tanto as relativa à execução quanto à relativa ao adiantamento, e informe a esta Corte, no prazo de 30 dias, os termos em que efetivada a atualização"* (**TCU, acórdão nº 3404, de 2010, Plenário**[274]).

65. NOVA VERIFICAÇÃO DE VANTAJOSIDADE POR OCASIÃO DA PRORROGAÇÃO/ RENOVAÇÃO DO VÍNCULO CONTRATUAL

A Administração Pública deve expressamente motivar (e principalmente comprovar) seu ato para que fique clara a preservação da legalidade de seus atos (**STJ MS n 9944/DF, primeira seção. Rel. Min. Teori albino Zavascki julg. 25.5.2005. DJ 13 jun. 2005**), portanto, deverá comprovar a manutenção da vantajosidade, não apenas econômica (**TCU, acórdão nº 1047, de 2014, Plenário**[275]), para prorrogação (renovação) do vínculo jurídico.

'*A definição do preço de referência constitui etapa fundamental da prorrogação, uma vez que a manutenção de condições vantajosas para a Administração é requisito para prorrogação de contratos de prestação de serviços contínuos (art. 57, inciso II, da Lei 8.666/1993 e art. 31, caput, da Lei 13.303/2016).*' **TCU, acórdão nº 120, de 2018**[276].

---

274 TCU acórdão 3404/2010, Plenário. Rel. Min. Augusto Sherman. Sessão de 08/12/2010.

275 TCU acórdão 1047/2014, Plenário. Rel. Min. Benjamin Zymler. Sessão de 23/04/2014.

276 TCU acórdão 120/2018, Plenário. Rel. Min. Bruno Dantas. Sessão de 24/01/2018.

"A ampla pesquisa de mercado não pode ser considerada mais um documento formal que comporá o processo, trata-se de procedimento que visa orientar o gestor na redução e otimização das despesas públicas, buscando a transparência e a efetividade na gerência da coisa pública." (TCU, acórdão n° 2.463, de 2008 – Plenário[277]) *"Observe, por ocasião da prorrogação dos contratos do órgão, a necessidade de comprovar documentalmente a obtenção de condições e preços mais vantajosos para a administração, para justificar a não realização de novo certame licitatório."* (TCU Acórdão n° 4045, de 2009 1ª Câmara[278]). No mesmo sentido, com expressa preocupação para ampliar as fontes de pesquisa, TCU, acórdãos n°s 1604, de 2017[279], e 1445, de 2015[280], ambos do Plenário)

Registra-se também que o juízo de vantajosidade não se deve realizar *"com base em mera comparação de preços globais de propostas sem detalhamento"*, o que pode evidenciar "que não houve a aferição da existência de vantagem para que a administração prorrogasse a avença, motivo pelo qual as razões de justificativa apresentadas devem ser rejeitadas." TCU, Acórdão 1047/2014-Plenário[281].

Raquel Melo Urbano de Carvalho assevera que a vantajosidade teve seu conceito redesenhado, não devendo ser restrito somente ao aspecto econômico, mas também aos aspectos de qualidade e necessidade da Administração[282].

---

277 TCU, acórdão 2463/2008, Plenário. Rel. Min. Guilherme Palmeira. Sessão de 05/11/2008.

278 TCU acórdão 4045, de 2009 1ª Câmara. Rel. Min. Walton Alencar Rodrigues. Sessão de 04/08/2009

279 TCU acórdão 1604/2017. Plenário. Rel. Min. Vital do Rêgo. Sessão de 26/07/2017.

280 TCU acórdão 1445/2015. Plenário. Rel. Min. Vital do Rêgo. Sessão de 10/06/2015.

281 TCU, Acórdão 1047/2014-Plenário. Rel. Min. Benjamin Zymler. Sessão de 23/04/2014.

282 CARVALHO, Raquel Melo Urbano de. *Licitação: conceito e objetivos – uma atualização necessária.* Artigo disponível em < http://raquel-

Entende também o TCU que "*1. A prorrogação de contrato administrativo oriundo de contratação direta por inexigibilidade de licitação exige da autoridade competente a prévia demonstração da manutenção das condições de inviabilidade da competição, exigida pelo art. 25 da Lei nº 8.666/1993.*" **Acórdão nº 3412/2012 – TCU – 1ª Câmara**[283]. No mesmo sentido, **Acórdão nº 2.723/2011 – TCU – 1ª Câmara**[284], "*9.8.6 celebração do Quarto Termo Aditivo que prorrogou o Contrato 10037/2004... sem terem sido adotadas as devidas medidas acautelatórias a fim de verificar a autenticidade das informações lá contidas e a permanência da condição de exclusividade na prestação dos serviços*".

Ainda em 2019, o TCU reafirma seu entendimento, de que **a demonstração da vantagem de renovação de contrato de serviços de natureza continuada deve ser realizada mediante ampla pesquisa de preços**, priorizando-se consultas a portais de compras governamentais e a contratações similares de outros entes públicos, utilizando-se apenas subsidiariamente a pesquisa com fornecedor[285].

No Projeto de Lei nº 1292/95, mantém-se esta preocupação conforme previsão no art. 80, que permite a prorrogação da ata de registro de preços, e art. 150, na prorrogação dos vínculos cujos objetos encerrem prestações ou fornecimentos contínuos, permitida expressamente, inclusive, a '*negociação com o contratado*'.

---

carvalho.com.br/2018/11/20/licitacao-conceito-e-objetivos-uma-atualizacao-necessaria/>. Acesso em 26/08/2019.

283 TCU, acórdão 3412/2012, Plenário. Rel. Min. Augusto Nardes. Sessão de 05/12/2012.

284 TCU acórdão 2723/2011, Plenário. Rel. Min. Valmir Campelo. Sessão de 03/05/2011.

285 TCU, Acórdão 1464/2019, Plenário, Rel. Min. Walton Alencar Rodrigues. Sessão de 26/06/2019.

66. PRECLUSÃO DO DIREITO PATRIMONIAL AO REAJUSTE OU À REPACTUAÇÃO SEM O SEU EXERCÍCIO NO MOMENTO OPORTUNO COM A RATIFICAÇÃO DAS CONDIÇÕES ANTERIORES POR OCASIÃO DA PRORROGAÇÃO DO VÍNCULO

O Direito ao reajuste, segundo índices previstos no contrato, é um **direito patrimonial de natureza disponível**, *podendo* ser exercido por ocasião do lapso de 12 meses da data da proposta/ orçamento (inc. XXI do art. 37 da CR´88, §1º do art. 3º da Lei Federal 10192/01 e inc. XI do art. 40 da Lei Federal 8666/93 e **TCU, acórdãos nº 474/05 Plenário**[286], **nº 1707/03 Plenário**[287], **nº 1169/06 Plenário**[288], **Decisão nº 580/00 Plenário**[289]) ou do último reajuste (art. 2º § 2º da Lei Federal 10192/01; **TCU acórdão nº 1707/03 Plenário** e Orientação Normativa AGU n. 26/2009), por mero apostilamento[290][1], possuindo como marco temporal final a prorrogação ou o encerramento do contrato

---

286 TCU, acórdão 474/2005, Plenário. Rel. Min. Augusto Sherman. Sessão de 27/04/2005.

287 TCU, acórdão 1707/2003, Plenário. Rel. Min. Marcos Vinicios Vilaça. Sessão de 12/11/2003.

288 TCU, acórdão de relação 1169/2006, Plenário. Rela. Min. Marcos Vinicios Vilaça. Sessão de 19/07/2006.

289 TCU, decisão 580/2000, Plenário. Rel. Min. Guilherme Palmeira. Sessão de 26/07/2000.

290 [1] *"Restrinja a formalização de reajuste de contrato por apostila somente às previsões expressas no artigo 65, § 8º, da Lei n.º 8.666/1993"*. Acórdão 576/2004 Segunda Câmara e *"Adote providências no sentido de efetuar o apostilamento dos reajustes contratuais concedidos, observando, assim, as*

ou quaisquer atos de manifesta incompatibilidade que determinem a preclusão lógica ou renúncia tácita (**TCU acórdão n.º 2094/2010-2ª Câmara**[291] e nº **1.827/2008-Plenário**[292]).

O reajuste, apesar de possível por mero apostilamento (§8º do art. 65 da Lei 8666, de 1993), ou ainda a repactuação, deverão ser realizados antes ou concomitante à assinatura da prorrogação, sob pena de preclusão ou renúncia ao direito patrimonial.

A orientação do TCU é: "*recomendar à Secretaria Executiva do Ministério da Cultura que, em seus editais de licitação e/ou minutas de contrato referentes à prestação de serviços executados de forma contínua, inclua alerta acerca do prazo dentro do qual poderá o contratado exercer, perante a Administração, seu direito à repactuação contratual, nos termos previstos no art. 5º do Decreto nº 2.271, de 1997, qual seja, da data do evento que ensejar a repactuação até a data da prorrogação contratual subsequente, se for o caso, ou do encerramento do contrato, sendo que se não o fizer de forma tempestiva e, por via de consequência, prorrogar o contrato ou deixar transcorrer in albis o prazo de vigência, ocorrerá a preclusão do seu direito a repactuar*". **Acórdão n.º 2094, de 2010-2ª Câmara**[293].

Posição reforçada pelo TCU no **acórdão nº 1601, de 2014-Plenário**[294].

---

disposições contidas no § 8º do art. 65 da Lei nº 8.666/1993, anexando-os aos respectivos contratos." Acórdão 1613/2004 Segunda Câmara.

291 TCU acórdão 2094/2010-2ª Câmara.

292 TCU acórdão 1827/2008 Plenário. Rel. Min. Benjamin Zymler. Sessão 27/08/2008.

293 TCU Acórdão de relação 2094, de 2010-2ª Câmara. Rel. Min. Walton Alencar Rodrigues. Sessão 25/08/2010

294 TCU acórdão 1601/ 2014-Plenário. Rel. Min. Benjamin Zymler. Sessão 18/06/2014.

De forma que há preclusão lógica se requeridos depois da prorrogação vantajosa (**TCU acórdãos nºs 1.827, de 2008**[295] **e 1.828, de 2008**[296]**, e 2094, de 2010 2º C**), sendo vedada a sua realização retroativa (**TCU acórdão nº 477, de 2010**[297]), respeitada ainda a periodicidade mínima de um ano (**TCU acórdão nº 1464, 2011**[298]).

Ademais, todas as condições financeiras e técnicas sejam decididas no momento da prorrogação, momento em que a Administração estará justamente analisando a vantajosidade econômica da contratação. Por certo, o reajuste alterará o preço de forma que poderá comprometer a vantajosidade econômica porque isso implicaria *"negar à Administração a faculdade de avaliar se, com a repactuação, seria conveniente, do ponto de vista financeiro, manter o ajuste"* (**TCU Acórdão n.º 477/2010-Plenário**[299]). No mesmo sentido, **acórdão nº 2094, de 2010, 2ª Câmara**[300].

---

295 TCU acórdão 1827/2008 – Plenário. Rel. Min. Benjamin Zymler. Sessão 27/08/2008.

296 TCU acórdão 1828/2008 – Plenário. Rel. Min Benjamin Zymler. Sessão 27/08/2008.

297 TCU acórdão 477/ 2010, Plenário. Rel. Min. Aroldo Cedraz. Sessão 17/03/2010.

298 TCU, acórdão 1464/2011, Plenário Rel. Min. José Mucio Monteiro, sessão em 01/06/2011

299 TCU acórdão 477/ 2010, Plenário. Rel. Min. Aroldo Cedraz. Sessão 17/03/2010.

300 TCU acórdão 2094/2010 – 2ª Câmara. Rel. Min. André de Carvalho. Sessão 11/05/2010.

67. INCLUSÃO DE ITEM NOVO (ALTERAÇÃO QUALITATIVA): PESQUISA DE MERCADO.

O art. 65, I, "a", da Lei 8.666, de 1993, estabelece que os contratos administrativos podem ser alterados unilateralmente pela Administração quando houver modificação do projeto ou das especificações, para melhor adequação técnica aos seus objetivos. A essa alteração específica dá-se o nome de alteração qualitativa, pois representa modificação das condições iniciais daquilo que havia sido avençado.

Nas palavras de Justen Filho[301], a alteração qualitativa compreende as situações em que se constata supervenientemente a inadequação da concepção original em que se fundara a contratação. O autor apresenta como exemplo a hipótese de descoberta científica, que evidencia a necessidade de inovações para ampliar ou assegurar a utilidade inicialmente cogitada pela Administração.

Contudo, é usual que os termos aditivos cujos objetos sejam uma alteração qualitativa (inclusão de item contratual novo) não estejam acompanhados da devida fundamentação, bem como de pesquisas de preço a fim de justificar a economicidade da solução, o que pode gerar responsabilização dos servidores envolvidos.

Segundo o TCU (**Acórdão 3.056/2016-Plenário**[302]), "*As alterações do objeto contratado devem ser precedidas de procedimento administrativo no qual fique registrada a justificativa das alterações tidas por necessárias, embasadas em pareceres e estudos técnicos pertinentes, bem como restar caracterizada a natureza superveniente, em relação ao momento da licitação, dos fatos ensejadores das alterações. Ademais, a justificativa técnica para o aditamento contratual*

---

301 JUSTEN FILHO, Marçal. Comentários a lei de licitações e contratos. 17ª ed. São Paulo: Revista dos Tribunais, 2016.

302 TCU acórdão 3.056/2016-Plenário. Rel. Min. Walton Alencar Rodrigues. Sessão de 30/11/2016.

deve ainda contemplar a análise dos quantitativos e dos valores dos serviços aditados, inclusive com pesquisas de mercado para justificar a economicidade do termo de aditamento contratual". (grifamos)

Importante registrar a disposição no art. 125 do Projeto de Lei nº 1292/95, *"se no contrato não houverem sido contemplados preços unitários para obras ou serviços cujo aditamento se faça necessário, esses serão fixados aplicando-se a relação geral entre o valor da proposta e o do orçamento base da Administração sobre os preços referenciais ou de mercado vigentes na data do aditamento, respeitados os limites estabelecidos no art. 123."*

Esta disposição encampa a necessidade de preservação da vantagem obtida pela Administração por ocasião da licitação, como se observa do acórdão nº 855, de 2016[303], do TCU, Plenário, na qual consta *"2. Os aditivos para inclusão de serviços novos (art. 65, § 3º, da Lei 8.666/1993) devem observar, no mínimo, o mesmo desconto inicial do ajuste, ou seja, a mesma diferença percentual entre o valor global contratado e aquele obtido a partir dos custos unitários do sistema de referência aplicável."*

ALTERAÇÃO QUALITATIVA (Art. 65, I, "a", Lei 8.666/93)	
ACÓRDÃO	**ENTENDIMENTO**
Acórdão TCU nº 170/2018-Plenário	As alterações contratuais devem estar embasadas em pareceres e estudos técnicos pertinentes, nos quais reste caracterizada a superveniência dos fatos motivadores das alterações em relação à época da licitação.
Acórdão TCU nº 3056/2016-Plenário	As alterações do objeto contratado devem ser precedidas de procedimento administrativo no qual fique registrada a justificativa das alterações tidas por necessárias, embasadas em pareceres e estudos técnicos pertinentes, bem como restar caracterizada a natureza superveniente, em relação ao momento da licitação, dos fatos ensejadores das alterações. Ademais, a justificativa técnica para o aditamento contratual deve ainda contemplar a análise dos quantitativos e dos valores dos serviços aditados, **inclusive com pesquisas de mercado para justificar a economicidade do termo de aditamento contratual**.

---

303 Acórdão 855/2016 Plenário, Embargos de Declaração, Relator Ministro Benjamin Zymler.

68. PRORROGAÇÃO DE DISPENSA DE LICITAÇÃO POR VALOR SE ULTRAPASSADO O TETO.

Para o enquadramento das contratações previstas no art. 24, I e II, da Lei 8.666/93, deve ser levado em consideração o período de vigência do contrato com as suas possíveis prorrogações. Esse é o entendimento da Advocacia-Geral da União:

ORIENTAÇÃO NORMATIVA Nº 10 (*)

"A DEFINIÇÃO DO VALOR DA CONTRATAÇÃO LEVARÁ EM CONTA O PERÍODO DE VIGÊNCIA DO CONTRATO E AS POSSÍVEIS PRORROGAÇÕES PARA: A) A REALIZAÇÃO DE LICITAÇÃO EXCLUSIVA (MICROEMPRESA, EMPRESA DE PEQUENO PORTE E SOCIEDADE COOPERATIVA); B) A ESCOLHA DE UMA DAS MODALIDADES CONVENCIONAIS (CONCORRÊNCIA, TOMADA DE PREÇOS E CONVITE); E C) O ENQUADRAMENTO DAS CONTRATAÇÕES PREVISTAS NO ART. 24, INC. I E II, DA LEI Nº 8.666, DE 1993."

Esse também é o entendimento de Marçal Justen Filho[304], conforme demonstra o trecho transcrito a seguir):

"Outra questão, que desperta dúvida, envolve os contratos de duração continuada, que comportam prorrogação. A hipótese se relaciona com o disposto no art. 57, inc. II. Suponha-se previsão de contrato por doze meses, prorrogáveis até sessenta meses. **Imagine-se que o valor estimado para doze meses conduz a uma modalidade de licitação, mas a prorrogação produzirá superação do limite previsto para a modalidade. Em tais situações, parece que a melhor alternativa é adotar a modalidade compatível com o valor**

---

304 JUSTEN FILHO, Marçal. Comentários à lei de licitações e contratos administrativos. 17. ed. São Paulo: Dialética, 2016, p. 436.

correspondente ao prazo total possível de vigência do contrato. Ou seja, adota-se a modalidade adequada ao valor dos sessenta meses. Isso não significa afirmar que o valor do contrato, pactuado por doze meses, deva ser fixado de acordo com o montante dos sessenta meses. São duas questões distintas. O valor do contrato é aquele correspondente aos doze meses. A modalidade de licitação deriva da possibilidade da prorrogação." (grifamos)

Jorge Ulisses Jacoby Fernandes[305] também comenta o assunto:

> "Foi demonstrado que a licitação é um procedimento prévio à realização de despesa, motivo pelo qual para se evitar o fracionamento da mesma, é obrigatório considerar o consumo ou uso do objeto, ou contratação do serviço, no exercício financeiro.
>
> No caso, porém, de contratos cuja execução é prevista para ultrapassar o exercício financeiro deverá ser considerado o tempo estimado e o correspondente ao valor total a ser despendido, para fins de enquadramento na tabela de valores constante do art. 23, da Lei de Licitações" (grifamos)

O TCU, no **Acórdão 943/2010**[306], entendeu:

> Quanto à determinação de que sejam consideradas eventuais prorrogações para definição da modalidade licitatória, entendo que sua expedição visa garantir a seleção da proposta mais vantajosa para a Administração, em observância do princípio da economicidade. Isso porque a adoção de modalidade de licitação menos ampla implica menor competitividade, haja vista sua divulgação e alcance inferiores.

---

305 JACOBY FERNANDES, J. U. Contratação Direta sem Licitação. 10ed. Belo Horizonte: Fórum, 2016, p. 125.

306 TCU, acórdão 943/2010, Plenário. Rel. Min. Walton Alencar Rodrigues. Sessão em 05/05/2010

Outros precedentes do TCU no mesmo sentido: **Acórdãos 1.725/2003**[307]; **1.862/2003**[308]; **753/2005**[309]; **2.372/2007**[310], **todos da 1ª Câmara.**

Dessa forma, contratos firmados com fundamento nos incisos I e II do art. 24 da Lei 8.666, de 1993 (valores atualizados pelo Decreto Federal nº 9.412, de 18 de junho de 2018) não poderão ser prorrogados quando o aditamento da vigência implicar a extrapolação do valor admitido para a dispensa de licitação.

69. ALTERAÇÕES QUALITATIVAS E QUANTITATIVAS, ACRÉSCIMOS E SUPRESSÕES: NÃO SE COMPENSAM NUMERICAMENTE.

Como regra geral, para fins de verificação do limite legal, não se admite a compensação entre o conjunto de reduções e o conjunto de acréscimos, que deverão ser calculados sobre o valor original atualizado do contrato e individualmente.

Segundo **acórdão nº 1498, de 2015, Plenário,** *"as reduções ou supressões de quantitativos devem ser consideradas de forma isolada, ou seja, o conjunto de reduções e o conjunto de acréscimos devem ser sempre calculados sobre o valor original do contrato,*

---

307 TCU, acórdão 1725/2003,1ª Câmara, Rel. Min. Augusto Sherman, sessão em 05/08/2003

308 TCU, acórdão 1862/2003, 1ª Câmara, Rel. Min. Marcos Vinicios Vilaçã, sessão em 19/08/2003

309 TCU, acórdão 753/2005, 1ª Câmara, Rel. Min. Marcos Bemquerer, sessão em 26/04/2005

310 TCU, acórdão 2372/2007, 1ª Câmara, Rel. Min. Marcos Bemquerer, sessão em 14/08/2007

aplicando-se a cada um desses conjuntos, individualmente e sem nenhum tipo de compensação entre eles, os limites de alteração estabelecidos no art. 65 da Lei 8.666/93".

No mesmo sentido, **acórdão TCU nº 4499, de 2016, 2ª Câmara**[311][312]. Mais recentemente, **Acórdão TCU nº 2554, de 2017, Plenário**[313].

Excepcionalmente, o TCU permite a compensação, como se verifica nos julgados, *"é juridicamente viável, para fins de cálculo dos limites de aditamento, a compensação entre o conjunto de acréscimos e supressões ao objeto dos contratos referentes a obras de infraestrutura celebrados antes do trânsito em julgado do Acórdão 749/2010-Plenário por órgãos e entidades vinculados ao Ministério dos Transportes".* (**TCU, acórdão nº 3105, de 2013**[314]). No mesmo sentido, **acórdão nº 2005, de 2016**[315], Plenário, inobstante vale a observação de que *"a modulação temporal admitida no Acórdão 2.681/2013 Plenário, que trata da compensação entre acréscimos e supressões contratuais, não pode ser generalizada a fim de se estender a todo e qualquer contrato de obra de infraestrutura hídrica firmado em decorrência de termo de compromisso assinado com o Ministério da Integração Nacional, eis que nem todos os contratos apresentam as mesmas*

---

311 TCU, acórdão 4499/2016, 2ª Câmara, Rel. Min. André de Carvalho, sessão em 12/04/2016

312 Este acórdão ainda colaciona diversas decisões no mesmo sentido (Acórdãos 749/2010, 3.126/2013, 1.915/2013, 2.819/2011, 2.530/2011, 1.599/2010, todos do Plenário).

313 TCU, acórdão 2554/2017, Plenário, Rel.Min.André de Carvalho, sessão em 14/11/2017

314 TCU, acórdão 3105/2013, Plenário, Rel. Min. Walton Alencar Rodrigues, sessão em 20/11/2013

315 TCU, acórdão 2005/2016, Plenário, Rel. Min. Bruno Dantas, sessão em 03/08/2016

peculiaridades que conduziram o TCU naquela decisão". (TCU, acórdão nº 1536, de 2016, Plenário[316]).

Orientação continua no Projeto de Lei nº 1292/95, como se observa do §1º do art. 123, *"a aplicação dos limites previstos no caput deverá ser realizada separadamente para os acréscimos e para as supressões, salvo nos casos de supressões resultantes de acordo celebrado entre os contratantes."*

ACÓRDÃO	ENTENDIMENTO
Acórdão TCU n.º 2530/2011-Plenário	Para efeito de observância dos limites de alterações contratuais previstos no art. 65 da Lei nº 8.666/93, o conjunto de reduções e o conjunto de acréscimos devem ser sempre calculados sobre o valor original do contrato, aplicando-se a cada um desses conjuntos, individualmente e sem nenhum tipo de compensação entre eles, os limites de alteração estabelecidos no dispositivo legal
Acórdão nº 2554/2017 –Plenário	Como regra geral, para atendimento dos limites definidos no art. 65, §§ 1º e 2º, da Lei 8.666/1993, os acréscimos ou supressões nos montantes dos contratos firmados pelos órgãos e entidades da Administração Pública devem ser considerados de forma isolada, sendo calculados sobre o valor original do contrato, vedada a compensação entre acréscimos e supressões.

---

316 TCU, acórdão 1536/2016, Plenário, Rel. Min. Bruno Dantas, sessão em 15/06/2016

70. ALTERAÇÃO DE MARCA DURANTE A VIGÊNCIA DA ATA DE REGISTRO DE PREÇOS OU DO CONTRATO

A marca identifica e conforma o objeto genericamente descrito na especificação técnica presente no termo de referência, portanto, o objeto do contrato é exatamente aquele produto ofertado pelo licitante e não sua especificação genérica.

A alteração da marca importa em alteração qualitativa do objeto (art. 65, I, 'a', da Lei 8.666, de 1993) e somente poderá ocorrer se presentes os seus pressupostos legais, de modo que *'as alterações do objeto contratado devem ser precedidas de procedimento administrativo no qual fique registrada a justificativa das alterações tidas por necessárias, embasadas em pareceres e estudos técnicos pertinentes, bem como restar caracterizada a natureza superveniente, em relação ao momento da licitação, dos fatos ensejadores das alterações. Ademais, a justificativa técnica para o aditamento contratual deve ainda contemplar a análise dos quantitativos e dos valores dos serviços aditados, inclusive com pesquisas de mercado para justificar a economicidade do termo de aditamento contratual.'* (TCU, acórdão n° 3053, de 2016, Plenário[317]).

A alteração do objeto, e nesse contexto, da marca, sem a realização do aditivo é ilegal (TCU, acórdão n° 2590, de 2012, Plenário[318]), devendo estar embasadas *'em pareceres e estudos técnicos pertinentes, nos quais reste caracterizada a superveni-*

---

317 TCU, acórdão 3053/2016, Plenário, Rel. Min. Benjamin Zymler, sessão em 30/11/2016

318 TCU, acórdão 2590/2012, Plenário, Rel. Min. Aroldo Cedraz, sessão em 26/09/2012

ência dos fatos motivadores das alterações em relação à época da licitação.' (**TCU, acórdão nº 170, de 2018, Plenário**[319]).

No mesmo sentido, *'alterações contratuais sem a devida formalização mediante termo aditivo configura contrato verbal, que pode levar à apenação dos gestores omissos quanto ao cumprimento do dever.'* (**TCU, acórdão nº 1227, de 2012, Plenário**).

O Decreto Estadual nº 46.311, de 2013, dispõe expressamente sobre a possibilidade de alteração da marca, no §8º do art. 24, *"A Administração poderá aceitar que o fornecedor entregue, para o item ou lote, produto de marca ou modelo diferente daquele registrado em ata, por motivo ou fato superveniente à licitação e desde que esse produto possua, comprovadamente, desempenho ou qualidade igual ou superior, não podendo haver majoração do preço registrado, observado o disposto no § 7º do art. 13."*

Por fim, deve-se observar também a necessidade de analisar aspectos da economicidade e da manutenção do desconto para fins de aceitação da nova marca.

ACÓRDÃO	ENTENDIMENTO
TCU, acórdão 170/2018 – Plenário	As alterações contratuais devem estar embasadas em pareceres e estudos técnicos pertinentes, nos quais reste caracterizada a superveniência dos fatos motivadores das alterações em relação à época da licitação.
TCU, acórdão 43/2015 – Plenário	A formalização de termo aditivo estabelecida no art. 60 da Lei 8.666/1993 é procedimento obrigatório em todas as alterações de objeto não previstas no contrato original.

---

319 TCU, acórdão 170/2018, Plenário, Rel. Min. Benjamin Zymler, sessão em 31/01/2018

REFERÊNCIAS BIBLIOGRÁFICAS

ALBANO, Gian Luigi; NICHOLAS, Caroline. *The law and economics of framework agreements: Designing Flexible Solutions for Public Procurement*. New York: Cambridge University Press, 2016.

AMORIN, Victor Aguiar Jardim de. *Licitações e contratos administrativos*: teoria e jurisprudência. Brasília: Senado Federal, Coordenação de Edições Técnicas, 2017.

ANDRADE, Alberto Guimarães. *Entre a abstração e a realidade: desafios e potencialidades par ao estímulo à atuação profissional eficiente*. In: BATISTA JUNIOR, Onofre Alves; CASTRO, Sérgio Pessoa de Paula (Coord.). *Tendências e perspectivas do direito administrativo: uma visão da escola mineira*. Belo Horizonte: Fórum, 2012.

Brasil. Tribunal de Contas da União. *Licitações e contratos: orientações e jurisprudência do TCU / Tribunal de Contas da União. – 4. ed. rev., atual. e ampl.* – Brasília: TCU, Secretaria Geral da Presidência: Senado Federal, Secretaria Especial de Editoração e Publicações, 2010.

CARVALHO, Matheus. *Manual de direito administrativo*. 4 ed. Salvador: Juspodivm, 2017.

CARVALHO, Raquel Melo Urbano de. *Licitação: conceito e objetivos – uma atualização necessária*. Artigo disponível em < http://raquelcarvalho.com.br/2018/11/20/licitacao-conceito-e-objetivos-uma-atualizacao-necessaria/>. Acesso em 26/08/2019.

CARVALHO, Thirzzia Guimarães de. *Alteração da constituição do consórcio vencedor após a adjudicação do objeto*. In: Âmbito Jurídico, Rio Grande, XVI, n.110, mar 2013. Disponível em <http://www.ambito-juridico.com.br/site/?n_link=revista_artigos_leitura&artigo_id=12903>. Acesso em 06/10/2018.

GRUPO PÚBLICO DA FGV DIREITO SP/SBDP. **Balanço crítico parcial de 2018**. São Paulo, SP, 2018.

DALLARI, Adilson Abreu. *Aspectos jurídicos da licitação*. 7ª ed. São Paulo: Saraiva, 2006. p.128.

DI PIETRO, Maria Sylvia Zanella. et alii. *Temas polêmicos sobre licitações e contratos*. 5ª ed. São Paulo: Malheiros, 2006.

FURTADO, Lucas Rocha. *Curso de Direito Administrativo*. Belo Horizonte: Fórum, 2007. p. 413.

JACOBY FERNANDES, Jorge Ulisses. *Sistema de Registro de Preços e Pregão Presencial e Eletrônico*. 5 ed. Belo Horizonte: Fórum, 2013. p. 140.

-. *Contratação direta sem licitação*. 10. ed. rev. atual. ampl. Belo Horizonte: Fórum, 2016.

JÚNIOR, Dirley da Cunha. *Curso de direito constitucional*. 4ª ed. Salvador: Juspodivm, 2010.

JUSTEN FILHO, Marçal. *Comentários à lei de licitações e contratos administrativos*. 17 ª ed. São Paulo: Dialética, 2016.

-. *Curso de direito administrativo*. 10 ed. São Paulo: Revista dos Tribunais, 2014.

MELLO, Celso Antônio Bandeira de. *Curso de direito administrativo*. 30ª ed. São Paulo: Malheiros, 2012.p. 88.

MEIRELLES, Hely Lopes. *Licitação e contrato administrativo*. 12. ed. São Paulo: Malheiros, 1999.

-. *Direito administrativo brasileiro*. 40ª ed. São Paulo: Malheiros, 2014. p. 333.

MENDES, Renato Geraldo. *O processo de contratação pública – Fases, etapas e atos*. Curitiba: Zênite, 2012.

-. Lei de Licitações e Contratos Anotada – *Notas e Comentários à Lei 8.666/93*. 8º ed. Curitiba: Zênite. 2011.

OLIVEIRA, Rafael Carvalho Resende. *Licitações e contratos administrativos*. 4 ed. Rio de Janeiro: Forense; São Paulo: Método, 2015.

PARISI, Nicoletta. *L'attività di constrasto alla corruzione sul piano della prevenzione*. In: La c orruzione a due anni della Riforma Severino. BORSARI, Ricardo (cura): Padova University Press, 2015.

ROMERO. Willian, *in Participação de empresas estrangeiras em licitação no Brasil*. Informativo Justen, Pereira, Oliveira e Talamini, Curitiba, nº 133, março de 2018.

SANTANA, *Jair Eduardo. Pregão Presencial e Eletrônico* – Sistema de Registro de Preços. 4º ed. Ed. Forum, Belo Horizonte, 2014.

TORRES, Ronny Charles Lopes de. *Leis de Licitações públicas comentadas* – 7. Ed. – Salvador: Ed. JusPodivm, 2015.

UNIÃO EUROPEIA. *Diretiva 2014/24/UE do Parlamento Europeu e do Conselho, de 26 de fevereiro de 2014, relativa aos contratos públicos e que revoga a Diretiva 2004/18/CE.* 2014. Disponível em <https://eur-lex.europa.eu/legal-content/PT/TXT/HTML/?uri=CELEX:32014L0024&from=pt>. Acesso em 10/08/2019.

- editoraletramento
- editoraletramento
- grupoletramento
- casadodireito.com
- editoraletramento.com.br
- company/grupoeditorialletramento
- contato@editoraletramento.com.br
- casadodireitoed
- casadodireito